RECHERCHES
HISTORIQUES & STATISTIQUES

SUR

LA COMMUNE DE BROC

PAR

JOSEPH MARCHAL

Instituteur à Broc.

Connais-toi toi-même.

SOCRATE.

ANGERS

E. BARASSÉ, IMPRIMEUR-LIBRAIRE

Rue Saint-Laud, 83.

1874

RECHERCHES
HISTORIQUES ET STATISTIQUES
SUR
LA COMMUNE DE BROC.

RECHERCHES
HISTORIQUES & STATISTIQUES

SUR

LA COMMUNE DE BROC

PAR

JOSEPH MARCHAL

Instituteur à Broc.

> Connais-toi toi-même.
>
> SOCRATE.

ANGERS

E. BARASSÉ, IMPRIMEUR-LIBRAIRE

Rue Saint-Laud, 83.

—

1874

A MONSIEUR COLOMB.

Monsieur l'Inspecteur,

Eloigné de mon pays natal et privé de mes parents et de mes amis, j'ai voulu consacrer mes jours de vacance à la contrée hospitalière dans laquelle mes Supérieurs ont bien voulu me placer. J'ai compulsé les vieilles archives, recueilli les anciennes légendes, visité les édifices, les ruines, les lieux jadis célèbres, et de tous ces documents j'ai formé le travail dont je tiens à vous faire l'hommage.

Mon ouvrage est divisé en deux parties : la première traite l'historique des familles seigneuriales de Broc; la seconde comprend la statistique et le récit des événements les plus importants depuis plusieurs siècles.

J'ai l'honneur d'être, Monsieur l'Inspecteur, avec le plus profond respect, votre très-humble et très-obéissant serviteur.

MARCHAL.

Broc, le 14 juin 1874.

LA SEIGNEURIE

DE

BROC ET DE LIZARDIÈRE

La maison de Broc est connue en Anjou dès le milieu du XIe siècle, c'est-à-dire lorsque cette province obéissait au comte Geoffroy-Martel, fils du célèbre Foulques-Nerra, le *grand bâtisseur*.

Elle est originaire de l'Anjou et tire son nom de la terre de Broc, située dans la commune de ce nom, à l'extrémité nord-est du département de Maine-et-Loire.

L'antiquité de la maison de Broc, le rang qu'elle a occupé à la cour et dans les armées, et les grandes alliances qu'elle a contractées avec les plus illustres maisons de France, la placent au premier rang de la noblesse d'Anjou. — Elle a donné naissance à des officiers-généraux, à des sénéchaux, à des gouverneurs de ville, des abbés, des évêques, des chevaliers de l'ordre du roi, de Malte, de Saint-Louis, etc. Elle s'est alliée aux maisons de Montmorency, de Maillé, d'Estrées, de Roye, de Mathefelon, de Bourdeille, du Bouchet de Sourches, des Escotais, de Vendômois, d'Espagne-Vennevelles, de Nargonne, de Savonnières, de Champagné, de Contades, de Lambertye, etc.; elle a bâti des églises, doté des abbayes et fondé une foule de bénéfices au profit de la religion.

La famille de Broc était en possession de donner des abbesses au prieuré de la Fontaine-Saint-Martin, fondé en 1115, sous l'épiscopat d'Hildebert, trente-cinquième évêque du Mans, par Foulques V d'Anjou et son épouse Eremburge, fille d'Hélie de la Flèche, comte du Maine.

Elle a fait ses preuves pour les honneurs de la Cour (dont elle a joui dans le siècle dernier), par devant Chérin, généalogiste des ordres du roi, et, en 1190, son nom était représenté à la troisième croisade, dirigée contre le sultan Saladin, par Philippe Auguste, roi de France, Richard Cœur-de-Lion, comte d'Anjou et roi d'Angleterre, et Frédéric Barberousse, empereur d'Allemagne. — Le nom et les armes d'Hervé de Broc sont dans la salle des Croisades du musée de Versailles. Il portait de *sable à la bande fuselée d'argent de sept pièces ;* armes que sa maison porte encore aujourd'hui.

« Une preuve certaine de la noblesse d'une race, dit M. David, dans son *Histoire du Lude*, c'est d'avoir fait partie de l'une des croisades des XIIe et XIIIe siècles ; c'est d'être cité par le sire de Joinville ou inscrit sur une des listes qui se gardent scrupuleusement dans tous les chartriers de la chrétienté ; c'est d'avoir son écu au palais de Versailles. »

Cette maison a pour premier auteur connu,

Garin ou Guérin (*Guérinus*), seigneur de Broc, qui possédait cette châtellenie au XIe siècle, comme il est constaté d'après une charte établie le jour de la fête de saint Pierre, en 1069, qui le qualifie de bienfaiteur de l'abbaye de Vendôme.

Les chroniques locales se taisent sur les commencements de la seigneurie de Broc. Néanmoins, d'après toute apparence, l'origine de ce fief remonte à la fin de l'époque Carlovingienne, alors que Charles-le-Chauve, par le capitulaire de Kiersy-sur-Oise, en consacrant la ruine de la propriété allodiale, reconnaît l'hérédité des fiefs et proclame le triomphe exclusif de la féodalité.

Liotard ou Listard, petit-fils de Guérin de Broc, qui vivait en 1160, bâtit le château de Broc, qu'il nomma *Listardière* et qui s'est appelé depuis *Lizardière*. Les terres de cette seigneurie, érigée en châtellenie par lettres-patentes de Louis XIII, en 1636, se transmirent dans la descendance de Guérin de Broc et restèrent dans la branche aînée de cette maison jusqu'en 1669, époque où elles furent vendues, c'est-à-dire pendant plus de six cents ans.

On ne connaît la plupart des enfants de Listard que par les actes qui les mentionnent, soit comme témoins, soit comme mandataires dans les archives du temps.

Dans l'histoire généalogique des Pairs de France, publiée, en 1830, par le chevalier de Courcelles d'où nous avons extrait la plupart des faits ayant rapport à la maison de Broc, on voit que Henri de Broc, chevalier, fut témoin, en 1185, avec Morhier de Dreux, Payen d'Orléans et Alexandre de Beu, aussi chevaliers, d'une donation faite par Robert de France, comte de Dreux, à l'abbaye de Saint-Vincent-au-Bois, du diocèse de Chartres, gouvernée par l'abbé Baudry, pour la fondation d'un prieuré de l'ordre de Saint-Augustin (1).

---

(1) Ainsi que le témoigne le titre suivant :

In nomine sanctæ et individuæ Trinitatis, amen. Cum hujus temporis homines ad agenda plurimum perspicaces et ingeniosos videamus, in rebus contrahendis aliquo necesse est uti artificio : per quod videlicet malignantium ora retundere possimus cum igitur in multis utilis sit et commoda litterarum adinventio, maxima et incomparabilis est commoditas, quod est earum inscriptione rerum humanarum contractiones firmius et tenacius conservantur, et contrahentium jurgia in perpetuum sopiuntur. Hac igitur consideratione et hoc intuitu, ego Robertus comes, filius Roberti comitis, dominus Drocarum, cartam præsentem annotare feci : ut per eam inferius scripta ita tenaciter confirmentur, quod ad ea debilitanda nihil valere posset reclamantium malignitas. Sciant igitur tam præsentes quam futuri, quod ego Robertus comes, Drocarum dominus, Ecclesiæ S. Vincentii de nemore divini amoris intuitu, et in remissionem peccatorum meorum, locum quemdam prope Firmacuriam ad fundandam ecclesiam unam donati. Cujus videlicet loci longitudo totam terram occupat, quam ex illa parte in qua fundata est ecclesia inter fossata Firmacuriæ et Monasteriolum, tunc temporis habebam excepto prato quod pater meus emit a Lamberto e Monasteriolo. Latitudo autem loci illius est a via, quæ a Firmacuria ducit Monasteriolum usque ad fluvium Aduræ. Concesserunt autem mihi Baudricus tunc abbas S. Vincentii et totus ecclesiæ conventus, quod ad serviendum Deo in loco illo tres canonicos sacerdotes constituerunt, et perpetuo tenerent : quorum videlicet unus diebus singulis specialiter pro me et Solendi uxore mea, et pro Petro fatre meo, et pro patre meo et matre mea et antecessoribus meis missam pro defunctis celebrabit quibus videlicet tribus canonicis in loco prædicto de gentibus et Deo servientibus, apud Drocas in molendino de

Hervé de Broc, chevalier, fut témoin d'une sentence arbitrale rendue par Guillaume de Chemillé,

---

Grasva, quatuor modios avenæ, et centum solidos Drocensis Monetæ in redditibus annuatim donari et concessi : et duodecim modii vini quorum videlicet sex in vineis meis, quas apud Drocas habeo, singulis annis capientur, alii sex in pressoribus Drocarum. Prærerea in foresta mea quæ Crotosum appellatur canonicis in loco prætextato manentibus mortuum nemus ad calefaciendum d mari ad excrementum autem illius loci prædictus abbas S. Vincentii et totius ecclesiæ conventus canonicis ejusdem loci donaverunt et concesserunt quidquid tum temporis habebant apud Drocas in tonlbio et foragio de dono Simonis Maceriis perpetuo possidendum. Præterea etiam medietatem totius terræ et pratorum quæ tunc temporis habeant inter Firmacuriam et villam S. Georgii : ita tamen quod in omnibus expensis pro excolendis pratis et terra factis, canonici loci illius medietatem donabunt. Insuper etiam prædictas abbas et S. Vincentii conventus canonicis n prætextato loco habitant bus perpetuo possidendam concesserunt illam portem fluminis Anduræ quam de dono Rainoldi forestarii in monasteriolum et Georginum tunc temporis possidebant circa vadum Ardreti. Concessum est autem mihi ab abbate et conventu S. Vincentii quod a loco illo Firmacuriæ constituto et fundato nihil prorsus vel ad abbatiam, vel ad aliquam aliarum domorum ejusdem abbatiæ deferetur. Concessum est etiam ab eisdem, quod si prior ibi status loco inconveniens fuerit, ab abbato removebitur, et alius ad consilium meum, et ad voluntatem meam et domini abbatis loco illi necessarius substituetur. Hoc factum est anno Verbi incarnati MCLXXXV, imperante Francis rege Philippo. Præsentibus et adstantibus abbate Baudrico, mascelino, Petro, Andrea, Willelmo de Illeis et altero Willelmo, Michaele canonicis; Petro capellano et notario, Gaufrido Fonteniarum præsbytero, Philippo de Monasteriolo presbytero ; Marchero Drocensis, Joanne fratre ejus, *Henrico de Broc*, Pagano de Aurelianis, Alexandro de Beu militibus : Roberto Marin, Gaufrido Morel, Roberto Bisel, Willelmo Maugier, Joanne Beccart, Bernero Falconario. Annuentibus hoc Yolende uxore mea, patre meo et matre mea Willelmo et Joanne fratribus meis.

(*Extrait du cartulaire de l'abbaye de Saint-Vincent de Nemours, cité par André Duchesne dans l'*Histoire de la maison de Dreux, p. 248.)

évêque d'Angers, le 5 des ides de septembre 1185, sur un différend qui s'était élevé entre les chanoines de Saint-Mainbœuf et Morel de Villebernon. Hervé de Broc prit part à la troisième croisade, et suivit Richard Cœur-de-Lion, roi d'Angleterre et comte d'Anjou. Il est cité dans un acte de ce prince parmi les chevaliers angevins auxquels Foulques de Beauvau avait prêté sa garantie pour un emprunt de 200 marcs d'argent fait à des marchands de Pise. Voici cet acte dont l'original est conservé dans la maison de Beauvau.

« Ricardus, Dei gratiâ, rex Angliæ, dux Normandiæ, Aquitaniæ, comes Andegavensis, notum facimus universis presentes litteras inspecturis, quod cum conventio fuerit habita inter Andriolum, comitem Jacobum Lhota, Ughetum de Boso, Pisanos cives et dominos Joannem de Campo Caprario, Bartholemeum de Montibus, Theobaldum de Escoteriis, Rotrodum de Monte-Acuto, Harduinum de Porta, *Herveum de Broc* et Buchardum dictum majorem, pro mutuo ducentarum marcharum argenti, dictis dominis per prefatos cives faciendo, sub garandia karissimi bone memone, condam familiaris nostri Fulconis de Bello. Valle, per fidem data, nundum vero in patentibus litteris redacta, nos per presentes litteras substituimus garandiam nostram predicte garandie dicti domini Fulconis, tali modo quod si prefati debitores garantisati dictos ducentes marchas non solverint terminis per eorum litteras prefixis, nos eamdem summam dictis civibus reddi facere teneremur infra quemdenam, postquam essemus de hoc requisiti.

Teste me ipso. Apud Acon. XXI die julii (1190).

Pierre de Broc, que l'on présume être le fils de Listard et le frère de Henri et de Hervé de Broc, passa en Angleterre vers 1154 avec Henri Plantagenet, comte d'Anjou et roi d'Angleterre.

Ranulphe et Robert de Broc, descendants de Pierre de Broc, furent mêlés aux différends d'Henri II, roi d'Angleterre, avec l'archevêque de Cantorbéry, Thomas Becket, et leurs noms sont cités par tous les historiens Anglais et Français qui ont raconté les événements de ce règne (Voir les *Histoires d'Angleterre* de David Hume, de Lingard, de Rapin Thoyras, et l'*Histoire de la conquête d'Angleterre par les Normands*, d'Augustin Thierry). — Rapin Thoyras place Ranulphe de Broc parmi les vassaux immédiats de la couronne, et Auguste Thierry le qualifie de puissant seigneur. — Ce dernier relève aussi Robert de Broc de l'imputation de meurtre que lui attribue M. Pesche dans son *Dictionnaire de la Sarthe*, t. II, p. 697, sur saint Thomas de Cantorbéry, en nous disant que les quatre Normands, Guillaume de Tracy, Hugues de Morville, Renaud Fitz Urse et Richard-Brito qui, le mardi 24 décembre 1169, l'assassinèrent dans son église par l'ordre d'Henri II, roi d'Angleterre, demeuraient en sûreté, en 1173, dans un château royal du nord de l'Angleterre, où nulle justice, excepté celle de l'opinion populaire, ne les poursuivit. (*Hist. d'Angleterre*, Augustin Thierry, t. III, p. 145.)

Geoffroy de Broc, décédé vers l'an 1199, pouvait être frère du précédent.

Guillaume, seigneur de Broc, fit donation, par charte de l'année 1213, scellée du sceau de Guillaume de Beaumont, évêque d'Angers, à l'abbé et aux religieuses de l'église Sainte-Marie de la Boissière, le jour de la dédicace de cette église, d'une mine de froment à prélever sur la dîme de Broc. — (Titre de l'abbaye de la Boissière, preuves de Cour de la maison de Broc dressées par Chérin, généalogiste des ordres du roi.)

Herbert de Broc assista, ainsi que Guillaume, seigneur de Broc, à la dédicace de l'église de Sainte-Marie de la Boissière et lui fit don d'un septier de froment. Son oncle, non autrement dénommé, accorda aussi quelques bienfaits à ladite abbaye (1) (Preuves de Cour. Généalogie de la maison de Broc par le chevalier de Courcelles).

Guillaume, seigneur de Broc, chef des noms et armes de cette maison à la fin du XIIIe siècle, fit les guerres de Flandre, sous le règne de Philippe-le-Bel, suivant deux quittances de ses appointements militaires qu'il donna à maître Guillaume, chantre de Meilly, et à Geoffroy Cocatrix : l'une de 100 livres tournois du 22 octobre 1302, et l'autre du jeudi,

---

(1) Fondée, en 1131, par une colonie de religieux de l'abbaye de Savigny.

veille de la fête de saint Marc de la même année, la première scellée du sceau de ses armes, sur cire rouge, et représentant *un écu à la bande fuselée.* (Expédition délivrée, le 11 janvier 1782, par M. de Gévigny, garde des titres et généalogies de la bibliothèque du roi.)

Pierre de Broc, chevalier, cadet de cette maison, fut sénéchal de Nîmes et de Beaucaire et gouverneur de Lille, en Flandre. Il donna quittance, le vendredi après la mi-carême, de l'année 1304, à Jean de Vailly, chevalier, bailli de Vermandois, de la somme de 68 livres tournois, pour le reste de ses appointements de service de chevalier, en l'établi d'Air en Artois. Le 14 avril de la même année, il donna encore quittance d'une pareille somme à Jacques de Hangest, bourgeois de Montdidier, pour solde de ses gages de service sur les frontières de Flandre. — Par acte passé à Aleth, le 16 août 1310, il déclara avoir reçu, comme sénéchal de Beaucaire et de Nîmes, des lettres-patentes du roi pour faire publier une ordonnance relative à l'expédition des affaires du Parlement. — Enfin, par acte passé à Paris, en date du 7 janvier 1313, où il est qualifié gouverneur du roi, à Lille en Flandre, il donna procuration et pleins pouvoirs à Jacques de Vic, pour percevoir les appointements de sa charge de sénéchal de Beaucaire et de Nîmes. — Tous ces actes sont scellés en cire rouge, d'un sceau à ses armes, avec une bordure ayant pour légende : *Sigillum Petri de Broco militis.* (*Expédition en parchemin délivrée, le* 30 *juin* 1656, *par M. du Port, conseiller auditeur en la Chambre des Comptes de Paris.*) — Pierre de Broc fut marié deux fois, la première à Alix de Mathefelon, fille de Foulques, baron de Mathefelon et de Durtal, premier baron d'Anjou, seigneur de Juvigny, de Saint-Ouen, d'Entrames, d'Asay, etc., et d'Alix de Vitré, fille d'André, dernier baron de Vitré ; et la seconde à Jacqueline de Roye.

I.

THIBAULT, écuyer, seigneur de Broc et de la Cour-de-Broc.

Thibault, écuyer, seigneur de Broc et de la Cour-de-Broc, paraît dans un acte passé le lundi, fête de saint Cyr, 1365, sous le scel de la Cour de Baugé, comme acquéreur de biens fonds (*Titre de l'abbaye de la Boissière, Chérin, preuves de Cour*, *L. Trincant, procureur au siége royal de Loudun*). — Il est aussi cité par plusieurs généalogistes comme père de Baudouin de Broc qui commence la filiation.

II.

BAUDOUIN, seigneur de Broc, de la Cour-de-Broc et de Richelieu.

Baudouin, seigneur de Broc, de la Cour-de-Broc et de Richelieu, était écuyer de la compagnie Jean de Bueil, chevalier-bachelier (1386). — Le 21 décembre 1395, il vendit à Jean le Fèvre deux rentes que lui devaient deux de ses vassaux de la paroisse de Broc. — Le 7 février 1402, il acquit la seigneurie de Richelieu, en Touraine. — Il reçut, le 23 janvier 1406, par acte passé sur le scel de la Cour de Saumur, de Pierre Nicolas, son beau-frère, curé de l'église de Saint-Florent de Saumur, une quittance de cent livres tournois dont il lui avait passé obligation le 19 du même mois. — Il ne vivait plus le 18 juillet 1441.

Baudouin de Broc fut marié deux fois ; la première, à Marguerite Nicolas, fille de Jean Nicolas et de Marguerite de Marcay (1400), dont *issit* Pierre qui lui succéda dans la seigneurie de Broc, comme il est établi dans un acte de 1441.

Nicolas porte : *D'azur au chevron d'or, accompagné en chef de deux mains d'argent, en face, et en pointe d'un croissant du même.*

La seconde fois, par contrat passé sous le sceau de la Cour de Loches, le vendredi, fête de sainte Catherine (1430), en présence de Charles de Chanay, de Pierre de Fersille et de Martin de Keralen, à Marie Grenet, dame de Lespinay, dont *issit* Guyon de Broc, qui fut seigneur de la Cour-de-Broc, de Vaas et de Lespinay. (Voir l'*Histoire de la Cour-de-Broc.*)

Grenet porte : *De sable, au lion léopardé d'argent, lampassé et armé de gueules.*

III.

PIERRE, seigneur de Broc et de Lizardière.

Pierre de Broc, écuyer, seigneur de Broc et de Lizardière, était fils de Baudouin de Broc et de Marguerite Nicolas.

Il fit une acquisition de biens fonds, conjointement avec son frère Guyon, par acte passé à Chinon, le 8 décembre 1435. — Dans un acte passé à Châteaux, en Anjou, le 18 juillet 1441, il fit don au curé de la paroisse de Broc, et à ses successeurs, de la moitié indivise de la dîme de Broc, telle que l'avait acquise feu Baudouin, seigneur de Broc, son père, de Messire Jean de Rougebec, chevalier, seigneur de Meaulne, et de deux livres tournois de rente, à la charge par les curés de dire, le lundi de chaque semaine, une messe en l'honneur de sainte Catherine, soit dans l'église de Broc, soit dans la chapelle que lui ou ses successeurs pourraient bâtir dans l'hôtel de Lizardière, et de prier pour lui tous les dimanches au prône de la grand'messe. — Dans ce dernier acte, il fait aussi don à Fouquette de Rougebec, sa femme, de la jouissance, sa vie durante, de toutes ses terres, domaines et seigneuries, et de la rivière de Meaulne mouvante de M. de Château. — Il est encore rappelé dans deux actes des 9 mai 1452 et 17 janvier 1474, comme ayant légué une dîme appelée vulgairement *la boneste,* valant douze boisseaux de blé, que lui et ses prédécesseurs avaient coutume de lever tous les ans, et une rente de dix livres tournois à la fabrique de l'église de Notre-Dame de Broc, pour sa sépulture et celle de ses successeurs.

Pierre de Broc épousa, en 1440, Fouquette de Rougebec, fille de Jean de Rougebec, chevalier, seigneur de Meaulne, et de Agnès Pellisson.

De Rougebec porte : *Fascé, ondé d'argent et de sable.*

IV.

RENÉ DE BROC, seigneur de Broc et de Lizardière.

René de Broc, chevalier, seigneur de Broc et de Lizardière, était le fils aîné de Pierre de Broc et de Fouquette de Rougebec. Il avait pour frère Jehan de Broc, premier du nom, seigneur de la Cour-de-Broc, qui épousa Renée Le Brun, fille de Jean le Brun et de Louise de la Flotte, unique héritière du château et seigneurie de la Ville-au-Fourrier, et qui devint par là la tige des seigneurs de la Cour-de-Broc et de la Ville-au-Fourrier (voir son article, à *Cour-de-Broc*), et pour sœur Perrine de Broc, à laquelle son père fit don de la terre de la Verrie, le 18 juillet 1441.

René de Broc transigea à Baugé, le 20 août 1449,

avec Girard, abbé de la Boissière, relativement aux arrérages de six années d'une rente annuelle d'un septier de froment, mesure de la Flèche, qu'il devait à cette abbaye, rente qui avait été payée par son père et par ses prédécesseurs. Elle était prélevée sur la terrre de Lizardière. — Il est encore nommé dans un acte qu'il reçut de ses vassaux, daté du 27 mars 1449 ; mais on voit dans un autre acte du 17 août 1461, qu'il ne vivait plus.

René de Broc avait épousé, en 1449, Marie de Saint-Benoist, héritière de la seigneurie des Perrais, dans le Maine.

De Saint-Benoist porte : *De gueules, à la bande échiquetée d'or et d'azur de 2 tires, accostée de 2 lions d'or.*

Marie de Saint-Benoist se remaria, avant le 17 août 1461, avec Ambroise le Cornu, écuyer, seigneur de la Courbe, et de Launay Pelloquin, dont elle resta veuve avant le 18 octobre 1492. — Elle plaida, au nom de ses enfants, issus de son premier mariage, contre Jean de Savonnières, seigneur de Meaulne, époux d'Anne de Rougebec, au sujet de la succession de Jean de Rougebec, père de Fouquette et grand-père d'Anne. — Elle laissa pour enfants :

1° Girard de Broc, seigneur de Broc et de Lizardière, dont l'article suit;

« 2° Girarde de Broc, mariée avant le 2 juin 1477,
» à Louis d'Espagne, écuyer, seigneur d'Espagne,
» de Vennevelles, des Roches, etc., fils de Jean
» d'Espagne et d'Ambroise de Jupilles ;

» 3° Jacqueline de Broc, épouse de Guillaume du » Rivau, chevalier, seigneur de Villiers. — Leur » fils René, marié à Catherine de la Jaille, fut sei- » gneur de Boivin et de Villiers, gouverneur de » Loudun, et lieutenant des gardes du corps du » Roi ;

» 4° Marin de Broc, cinquante-cinquième et dernier » abbé régulier et électif de l'abbaye de Saint-Ca- » lais, bâtie sur les bords de l'Anille, en 515, sous » la quatrième année du règne de Childebert Ier, » sixième roi de France, par Karilef (Carilephus) » ou saint Calais, venu du bourg d'Alvernium, » canton d'Alcomie, en Aquitaine, qui a laissé son » nom au monastère qu'il avait fondé. — Marin de » Broc succéda à Hugues de Champdiou, décédé » en 1523, et mourut en 1533.

» Ses armes étaient : *De sable, à la bande fuse-* » *lée d'argent de 7 pièces.* »

V.

GIRARD DE BROC, seigneur de Broc, de Lizardière, de Saint-Loup, de la Roche de Meaulne, du Bouchet, du Plessis-Barthélemy.

Girard de Broc, écuyer, seigneur de Broc, fils de René de Broc et de Marie de Saint-Benoist, est le premier de sa famille qui prend la qualité de haut et puissant seigneur, titre porté depuis par tous ses descendants. — Le 17 janvier 1474, il reçut de l'église et fabrique de Notre-Dame de Broc, aveu et dénombrement pour une dîme *dite* la petite dîme de Broc, située dans les fiefs de Broc et de Lizardière. Cette dîme avait été léguée à la fabrique par feu Mgr Pierre de Broc.—Le 4 avril 1475, il en reçut encore un aveu. — Le 14 août 1481, il régla le partage d'une succession avec Jean de Broc, son oncle, seigneur de la Cour-de-Broc. — Le 27 décembre 1483, il fournit son dénombrement à Antoine, sire de Bueil, comte de Sancerre, baron de Châteaux, en Anjou, et de Saint-Christophe, en Touraine, pour sa maison forte de Broc et pour divers biens et droits seigneuriaux, situés dans la mouvance, soit de la baronnie de Châteaux, soit de celle de la Béraudière. Dans cet aveu, il reconnaît devoir à son seigneur, pour son château de Broc, un épervier ou deux chiens courants, des meilleurs de sa maison, à la fête de la Madeleine de chaque année. — On voit aussi, par un aveu de 1483, qu'il possédait la seigneurie du Plessis-Barthélemy, située dans la commune de Saint-Biez-en-Belin, arrondissement du Mans. — Le 18 octobre 1498, il acquit les droits d'Ambroise le Cornu, seigneur de la Chevalerie, que son frère utérin avait, ainsi que ses frères et sœurs puînés, dans la terre de Broc. — Le 26 juillet 1490, il assista au mariage de Françoise du Bouchet de Sourches, sa belle-sœur, et de Jean de Martigné, écuyer, seigneur de Martigné. — Le 7 mai 1498, il fit un don, de concert avec son épouse, au curé de la paroisse de Broc, en augmentant de la somme de douze livres tournois de rente, à prendre sur leurs terres, les donations faites par ses prédécesseurs, pour faire célébrer à perpétuité deux messes dans la chapelle érigée à Lizardière. — Il mourut le 24 octobre 1511, et le testament de Julien de Broc, son fils, nous apprend qu'il fut inhumé dans l'église de Broc, devant le grand autel.

Girard de Broc avait épousé, en 1495, Isabeau du Bouchet de Sourches, fille aînée de Jean Guillaume du Bouchet, écuyer, seigneur de Sourches, lieutenant et connétable de la ville et château du Mans, et de Jeanne de Vassé, qui lui apporta en mariage la terre du Bouchet.

La maison du Bouchet, originaire d'Anjou, est très-ancienne. Elle possédait le château et la terre du Bouchet, situés commune de Lasse, canton de Noyant, en Anjou, d'où elle a tiré son nom. Elle ne s'établit dans le Maine qu'au commencement du XIIe siècle. La maison du Bouchet a donné naissance aux marquis de Tourzel. La marquise de Tourzel, gouvernante des enfants de France et connue par son dévouement à la famille royale, a laissé un fils qui a été fait duc de Tourzel sous la Restauration.

Parmi les personnages de cette famille, on distingue : *Jeanne du Bouchet*, fille de Gossebert de Preuilly, seigneur du Bouchet et de la Guerche, qui épousa Hugues IV, comte de Vendôme, vicomte de

Châteaudun ; puis Robert IV, comte de Bélesmes et d'Alençon. Elle n'eut point d'enfants.

Robert du Bouchet, premier du nom, neveu et filleul de Jeanne du Bouchet, qui fut seigneur de la Ferté-Macé (Orne), de Saint-Léonard-du-Bois et de Malèfre.

Robert du Bouchet, onzième du nom, marié en 1263, fit le voyage de la Terre-Sainte.

Pierre du Bouchet, marié en 1303, à Léonore de Hertré, près d'Alençon.

Baudouin du Bouchet, marié en 1355, à Charlotte de Clinchamp, dont il eut deux fils.

Hardouin du Bouchet, marié en 1415, à Charlotte d'Assé. — Son frère Jean du Bouchet fut la tige de la branche des Malèfre, qui finit à la huitième génération, en la personne de Jacques du Bouchet, troisième du nom, mort sans enfants, en 1739, laissant deux sœurs.

Jean-Guillaume du Bouchet, fils d'Hardouin, marié le 24 juillet 1459, à Jeanne de Vassé, fille d'Antoine de Vassé, gouverneur du château d'Angers, en 1568, et de Marguerite de Hatry, qui lui apporta en dot la terre de Sourches, située dans la paroisse de Saint-Symphorien en Champagne, Maine, et dont il a transmis le nom à ses héritiers. De ce mariage naquit Isabeau du Bouchet de Sourches et d'autres enfants. (V. Pesche, *Dict. hist. Sarthe*, tome I.)

Du Bouchet porte : *D'argent à 2 fasces de sable.*

L'illustre famille de Vassé, du Maine, de laquelle

l'épouse de Girard de Broc descendait, était d'origine fort ancienne et une des plus riches de la province au XVe siècle. Elle tirait son nom de la terre de Vassé, située dans la commune de Rouessé-Vassé (Sarthe), et portait le surnom de *Grognet*, auquel elle tenait fort à honneur. (V. l'*Anjou hist.* de Wismes-Serrant.)

Grognet Vassé porte : *D'or à 3 fasces d'azur*.

Le château des Perrais, que Girard de Broc tenait de sa mère, était situé dans la commune de Parigné-le-Pôlin, canton de la Suze (Sarthe), bâti au sud du bourg, sur un coteau qui domine la plaine. Il a été reconstruit à la moderne depuis plus d'un siècle ; il est accompagné de très-beaux jardins et de belles avenues dont une s'étend au nord-ouest jusqu'à la grande route de Paris à Nantes, sur une longueur de 1,200 mètres. Son sommet est à une altitude de 122 mètres. Cette terre à laquelle était annexée la seigneurie de la paroisse de Parigné-le-Pôlin, relevait de celle du Bouchet aux Corneilles, du comté de Belin. Cette seigneurie est encore possédée par le chef actuel de la maison de Broc. (V. Pesche, *Dict. hist. Sarthe.*)

Le Plessis-Barthélemy, situé à un kilomètre du bourg de Saint-Biez en Belin, était membre du comté de Belin, au Maine. La châtellenie de Vaux et la seigneurie de la paroisse y étaient annexées. Le château de Vaux possédait une haute justice dont le siége tenait au hameau de Ponthibaud. Elle était exercée par un bailli, un lieutenant, un procureur fiscal et un greffier ; il y avait aussi une salle d'audience, des avocats, des huissiers, une prison, un carcan, des fourches patibulaires. (V. Pesche, *Dict. hist. Sarthe.*)

Les enfants de Girard de Broc et d'Isabeau du Bouchet de Sourches sont :

1° Julien de Broc, seigneur de Broc et de Lizardière, dont le chapitre suit :

« 2° Philippe de Broc, écuyer, seigneur du » Plessis-Buisson, mort sans enfants avant le 10 fé- » vrier 1580.

» 3° Marguerite de Broc, mariée le 12 août 1504, » à noble et puissant seigneur Georges de Bueil, » seigneur de Bois-Vauvray, de la Roche-Noyen » et de Crassay, veuf de Françoise des Touches, et » fils de Jacques de Bueil, seigneur de la Motte- » Souzay et de Louise, dame de Fontaines (1). » (*V. Généalogie des pairs de France*, de Cour- » celles.)

» 4° Marie de Broc, abbesse de Bonlieu (1519). » Elle eut une contestation avec Catherine de » Chourses, trentième abbesse de Pré, tante de » Charles de Beaumanoir Lavardin, évêque du » Mans, en 1601, qu'elle avait élevé, qui finit par » une transaction confirmée par lettres patentes de

(1) Georges de Bueil était arrière petit-fils de Jean IV, sire de Bueil, grand-maître des arbalétriers de France et tige d'une branche de la maison de Bueil, cadette de celle des comtes de Sancerre. — Marguerite de Broc fut la trisaïeule d'Honorat de Bueil, marquis de Racan, célèbre par ses poésies.

» 1557. La possession de l'abbaye de Pré est laissée » à Catherine.

» Les armes de Marie de Broc, sont : *de sable à » la bande fuselée d'argent.* »

(Pesche, *Dict. hist. Sarthe,* et *Gallia Christiana*, édition 1770, t. XIV, pp. 503, 504, 539.)

VI.

JULIEN DE BROC, seigneur de Broc, de Lizardière, des Perrais, de la Roche de Meaulne, du Bouchet, de Saint-Loup, du Plessis-Barthélemy, de Grillemont, de la Teudronnière, de Lescotière et des Chalonges.

Julien de Broc, écuyer, seigneur de Broc, obtint, le 18 mars 1533, un décret d'ajournement personnel contre les procureurs fondés de la fabrique de l'église paroissiale de Broc. — Le 10 février 1541, il reçut deux quittances desdits procureurs pour une somme de vingt livres tournois que Philippe de Broc, son frère, avait léguée à l'église de Broc. — Le 15 juillet 1554, il fit son testament à Lizardière, devant Jean Soret, notaire, et voulut être inhumé au chanceau de l'église de Broc, devant le grand autel, au plus près des marches, en la sépulture de défunt son père. — Il ne vivait plus en 1558.

Julien de Broc avait épousé, par contrat passé au Lude, devant M. Tonnereau et son confrère, notaires, le 20 janvier 1520, Jehanne de Vendômois, fille de feu noble homme Jean de Vendômois, seigneur de Parpacé, de Poligné, de Champmarin, de Besse, etc., et d'Anne de la Grandière. Jehanne de Vendômois était arrière petite-nièce de Jehanne de Vendômois, femme de Jean de Bourbon (1). Elle apporta en mariage la seigneurie de Grillemont et les terres de la Tendronnerie, de Lescotière et de Chalonges.

De Vendômois porte : *Coupé, au 1 d'or, à 3 fasces de gueules, au 2 d'hermine plein.*

Jehanne de Vendômois fit son testament le 29 novembre 1554, et voulut être inhumée dans l'église de Notre-Dame de Broc, devant le grand autel, auprès de feu son époux, ou au-dessous, à la discrétion de ses exécuteurs testamentaires. — Dans ce testament, elle ordonne à son fils aîné et à ses héritiers de faire dire à perpétuité, une fois l'an, une messe basse dans la chapelle de Lizardière.

Les enfants de Julien de Broc et de Jehanne de Vendômois sont :

« 1° Jacques de Broc, l'aîné, seigneur de Broc et » de Lizardière, qui fut nommé exécuteur testa- » mentaire de son père et lui succéda dans la sei- » gneurie. On sait peu de chose sur sa vie, qui fut » vraisemblablement assez courte. — On le voit » figurer dans un acte du 30 mai 1555 et recevoir » un aveu le 4 novembre de l'année suivante. —

(1) Seigneur de Carency, troisième fils de Jean de Bourbon, comte de la Marche, et de Catherine, comtesse de Vendôme.

» Le contrat de mariage de son frère Mathurin de » Broc (1566) annonce qu'il ne vivait plus à cette » époque. — Il est mort sans postérité.

» 2o René de Broc, le second, écuyer, hérita de » la seigneurie de Broc et de Lizardière, etc., après » la mort de son frère aîné. — Le 14 avril 1558, il » fit hommage au roi de Navarre pour son fief de » Saint-Loup, mouvant de la baronnie de La Flèche. » — Il servait, en 1572, comme homme d'armes des » ordonnances du roi, dans la compagnie du baron » de Lâge, d'après une quittance d'appointements » délivrée le 30 avril de ladite année. — Il mourut » sans postérité. — Tous ses biens passèrent à Ma» thurin, son frère puîné.

» 3o Mathurin de Broc, qui a continué la descen» dance (Voir le chapitre suivant).

» 4o Louise de Broc, religieuse en l'abbaye de » Bonlieu.

» 5o Anne de Broc, religieuse en l'abbaye de » Bonlieu.

» L'abbaye de Bonlieu, de l'ordre de Cîteaux, » située en la commune de Bannes, près de Château» du-Loir, en Touraine, fut fondée par Guillaume » des Roches, sénéchal de Touraine, du Maine et » de l'Anjou, et Marguerite de Sablé, son épouse.

» 6o Françoise de Broc, légataire de son père, le » 15 juillet 1554. — Elle fut mariée à Louis de » Pont-le-Voy, baron du Petit-Château, chevalier » de l'ordre du roi. »

VII.

MATHURIN DE BROC, seigneur de Broc, de Lizardière, des Perrais, du Plessis-Barthélemy, du grand et du petit Livernois, de Grillemont, de Vimarcé (Mayenne), **de la grande Tendronnerie, du Bouchet, de Buislanson, etc., baron de Cinq-Mars-la-Pile.**

Mathurin de Broc, chevalier, seigneur de Broc et de Lizardière, baron de Cinq-Mars-la-Pile, chevalier de l'ordre de Saint-Michel, fut un des cent gentilshommes ordinaires de la chambre, capitaine et gouverneur des villes et châteaux de Carentan et de Pont-Audemer.

Mathurin de Broc était né en 1528, et se trouva, par la mort de ses frères, chef de sa maison. Il servait, en 1555, en qualité d'archer dans la compagnie de Guy de Daillon, comte du Lude. — En 1565, il fut nommé un des cent gentilshommes de la chambre du roi et employé dans les armées de Sa Majesté, avec le grade de mestre de camp, en 1570. — Charles IX le créa chevalier de l'ordre de Saint-Michel, le 14 février 1572. — En 1573, il assista à l'entrée du roi Henri III dans Paris, lorsque ce prince revint de Pologne. — Il était capitaine et gouverneur des capitaineries de Pont-Audemer et de Carentan, lors d'un aveu que lui rendit, le 9 mai 1583, René Bouju, seigneur de Chauderné et de Fleuré.

Mathurin de Broc avait épousé, par contrat du 28 août 1566, passé devant MM. Boucher, notaire à Bazoches, et Cerballier, notaire et tabellion royal à Château-Landon, Louise (Loyse) de Lavardin, fille de feu François de Lavardin, écuyer, seigneur de Raunay, l'un des cent gentilshommes de la maison du roi Charles IX, et de Marguerite de Château-Châlon, dame de Saint-Loup, de Bazoches, de la Revalerie, etc. (V. *Généalogie des pairs de France*, de Courcelles.)

Louise de Lavardin fut dame d'honneur de la reine Marie de Médicis. — Elle apporta à son mari la baronnie de Cinq-Mars-la-Pile, fief et château situés sur les bords de la Loire, en Touraine (1).

Louise de Lavardin était aussi héritière et châtelaine du Manoir de la Cour et du château de Foulletourte, situé en face de celui des Perrais, dans un joli hameau de la commune de Cérans (Sarthe). La seigneurie de Foulletourte relevait de la prévôté du Mans, et tirait son nom de la pierre qu'on y fouillait, appelée *tourte* dans le pays. Cette châtellenie à laquelle était annexée la seigneurie de la paroisse de Cérans, avait son chef-lieu au manoir de la Cour, situé près du bourg. Ce château, avec sa tour hexagone, bâti par les Anglais, est une église aujourd'hui. Des casemates ou souterrains,

(1) Qui furent vendus à Martin de Ruzé, grand-maître des mines de France, lequel, étant mort sans enfants, laissa tous ses biens à Antoine Coeffier d'Effiat, son petit-neveu, avec la condition de prendre le nom et les armes de la maison de Ruzé.

très-bien voûtés, en pierre de taille, ayant une issue dans le puits de cette maison, se prolongent dans différentes directions. — Les anciens châtelains de Foulletourte avaient le titre de premiers chevaliers des comtes du Maine. (V. Pesche, *Dict. hist. Sarthe.*)

Cette châtellenie fut vendue par Charles, marquis de Broc, en 1835.

De Lavardin porte : *De gueules à 3 fleurs de lys d'or.*

Mathurin de Broc et son épouse firent le 16 septembre 1592, devant Chirart, notaire royal à Tours, résidant à Cinq-Mars, un testament mutuel par lequel ils demandèrent à être inhumés au chanceau de l'église de Broc, près les marches du grand autel, au tombeau de feu Julien de Broc et Jehanne de Vendômois. — Le 24 août 1604, ils firent un nouveau codicille devant M. Boulemer, notaire royal à Tours. — Le 21 septembre 1607, Mathurin de Broc établit dans sa maison de Lizardière, un autre écrit dans lequel il ratifie le testament fait à Cinq-Mars, en 1592, et où il ordonne de construire une chapelle joignant l'église paroissiale de Broc en l'honneur de MM. saint Mathurin et saint Louis, pour y être célébrées deux grand'messes par an. A cette intention, il lègue au prieur la somme de quatre livres tournois.

Mathurin de Broc mourut en 1607, et fut enterré conformément à ses dernières volontés. Louise de Lavardin lui survécut, et le 22 août 1616, en la maison seigneuriale de Lizardière, elle fit un second testament olographe par lequel elle demanda à être inhumée dans l'église de Broc, au chanceau, et sous la tombe du feu seigneur son époux. — Elle fit encore plusieurs donations aux églises de Broc et de Cinq-Mars, et mourut à Lizardière, le 17 juin 1625. Elle fut inhumée en l'église de Broc.

Les enfants de Mathurin de Broc et de Louise de Lavardin sont :

1° François de Broc, seigneur de Broc, de Lizardière, dont le chapitre suit :

« 2° Sébastien de Broc, chevalier, seigneur des » Perrais, de Grillemont, de Vaas, de la Chappe- » lière, etc. ; vicomte de Foulletourte, chevalier de » l'ordre du roi, gentilhomme ordinaire de la » chambre, etc., qui obtint, le 27 février 1620, un » brevet de la charge de capitaine des chasses et » forêts du comté du Maine. Le roi Louis XIII, en » considération de ses services, érigea en vicomté » les terres seigneuriales des Perrais et de Foulle- » tourte, par lettres patentes du 4 juillet 1635, en- » registrées au parlement le 4 août 1636. — En 1657 » et 1661, Sébastien de Broc rend aveu pour le » grand et petit Livernois, fiefs situés en la com- » mune de Vaas. — Il fit son testament à la maison » seigneuriale des Perrais, devant M. Bellanger, » notaire royal au Mans, le 12 janvier 1655. — Le » 31 mai 1658, il fait encore un codicille devant » M. Bainville, notaire royal au Mans.

» Sébastien de Broc avait été marié trois fois : » 1° En 1607, à Marie le Bigot, fille de Louis le

» Bigot, seigneur de la Gastine, trésorier de France.
» Marie le Bigot fit son testament devant Le Roy,
» notaire au Mans, le 31 décembre 1621.

» — 2° Par contrat passé devant Thibert et Hault-
» sent, notaires du Châtelet, à Paris, le 1er avril 1623,
» à Aimée de Sallart, dame de Fromont, fille de
» feu Messire François de Sallart, chevalier,
» seigneur de Bourron et de Montigny, lieutenant
» et gouverneur du château de Montaugis, et
» d'Anne Clausse de Marchaumont.

» — 3° Le 3 octobre 1654, à Bonne Marie Mag-
» deleine de Broc de Chemiré, sa petite-nièce, fille
» de Michel de Broc, seigneur de Chemiré, et de
» Marie-Magdeleine du Chesne, qui épousa en se-
» condes noces, le 30 novembre 1663, Charles de
» Maillé de la Tour-Landry, marquis de Jalesnes,
» seigneur du Pin.

» Sébastien de Broc n'eut qu'un fils, Pierre de
» Broc, issu de son premier mariage, qui acheta,
» le 6 février 1645, pour 42,000 livres tournois, la
» charge de lieutenant au régiment des Gardes
» Françaises, où il remplissait celle d'enseigne. Il
» fit les campagnes de Flandre. — Au camp, devant
» Mardick, le 21 août 1646, il obtint de MONSIEUR,
» fils de France, duc d'Orléans, un congé qui l'au-
» torisait à se retirer chez lui pour se faire traiter
» d'une maladie qui le mettait hors d'état de finir
» la campagne. — Il mourut le 10 septembre de la
» même année, sans avoir été marié.

» 3° Françoise de Broc, mariée par contrat passé

» en la maison seigneuriale de Lizardière, le » 26 juin 1595, devant Moriceau, notaire à Baugé, » à noble et puissant seigneur René du Chesne, » seigneur de Loncheraye et de Landifer, qui donna » quittance de 4,000 écus d'or à-compte sur la dote » de sa femme, le 15 juillet 1597.

» 4° Anne de Broc, religieuse du monastère de » Bonlieu, en 1604.

» 5° Michelle de Broc, religieuse, en 1604, au » monastère du Ronceray, près d'Angers, dont » l'église avait été construite par Foulques-le-Bon, » comte d'Anjou, petit-fils d'Ingelger.

VIII.

FRANÇOIS DE BROC, seigneur de Broc, de Lizardière, du Plessis-Buisson, du grand et du petit Saint-Loup, du grand et du petit Bouchet, de la grande Tendronnerie, de la Tascheraye, du Menil-Ricordeau, de Thaïs, des Bellinières, de Cinq-Mars, de Chemiré.

François de Broc, seigneur de Broc, de Lizardière, de Chemiré, baron de Cinq-Mars, chevalier de l'ordre de Saint-Michel, gentilhomme ordinaire de la chambre du roi, fut pourvu de sa charge de gentilhomme, le 22 janvier 1603, et nommé chevalier la même année. Il reçut le collier de l'ordre des mains du maréchal de Bois-Dauphin, le 8 janvier 1605. — Sa femme et lui intervinrent dans divers actes des 16 septembre 1622, 22 février 1628, 30 janvier 1634 et 21 février 1635 (1). François de Broc est qualifié de chevalier des ordres du roi dans une quittance que donna, le 10 février 1612, Françoise de Montmorency, sa femme, à Raimond Phelippeaux, conseiller d'Etat et trésorier de l'épargne, de la somme de 15,000 livres tournois, « dont Sa Majesté nous a fait don, dit-elle, en considération des services que nous lui avons rendus, et pour nous donner moyen d'iceux continuer. » (Titre de la famille.)

C'est François de Broc, et sa mère Louise de Lavardin, qui firent bâtir en 1603 la chapelle Saint-Lambert, sur un coteau qui domine la vallée de Meaulne, près du château de Lizardière (2).

François de Broc avait épousé, par contrat passé devant Gilles Gerbault, notaire à Amboise, le 11 mars 1596, Françoise de Montmorency-Fosseux, demoiselle de Courtalain, dame ordinaire de la reine, mère du roi, fille de feu haut et puissant

---

(1) Le roi Louis XIII érigea ses terres et seigneuries en quatre châtellenies par lettres patentes du mois de juillet 1636, avec établissement dans le bourg de Broc d'un marché par semaine, et de quatre foires par an.

(2) François de Broc mourut en la maison seigneuriale de Chemiré. Son cœur a été réuni à celui de Françoise de Montmorency, sa femme, dans l'église de Chemiré, et le corps a été inhumé le 20 février 1646 dans le chœur de l'église de Broc, proche le corps de la défunte dame de Montmorency, qui mourut à Lizardière le 6 décembre 1641.

(Actes de la paroisse de Broc.)

seigneur Pierre de Montmorency-Fosseux, marquis de Thury, comte de Châteauvillain, baron de Fosseux, seigneur de Brusson, etc., chevalier de l'ordre du roi, capitaine de 50 hommes d'armes des ordonnances, et de Jacqueline d'Avaugour, dame de Courtalain et de Bois-Riffin.

De Montmorency porte : *D'or à la croix de gueules, cantonnée de 16 alérions d'azur.*

Les enfants de François de Broc et de Françoise de Montmorency, sont :

1° Jacques de Broc, seigneur de Broc, de Lizardière, dont le chapitre suit :

« 2° Michel de Broc, baron de Saint-Mars, tige » de la branche des seigneurs de Chemiré, cheva- » lier de l'ordre du roi, gentilhomme ordinaire de » la chambre, qui reçut de la reine mère, Marie de » Médicis, un brevet de 1,200 livres de pension en » considération de ses services.—Le roi Louis XIII, » pour les mêmes motifs, lui accorda 1,500 livres » d'entretien annuel, par brevet du 8 novembre 1625; » plus une autre pension de 2,000 livres pour » d'autres services rendus, et notamment en Pié- » mont. Enfin, le 2 décembre 1637, il reçut encore » un nouveau don du roi. Il s'était marié par con- » trat passé devant Jean Saymond, notaire à Baugé, » le 22 février 1628, à Marie-Madeleine du Chesne, » fille de François du Chesne, écuyer, seigneur de » la Tremblaye, et de Marguerite Richomme. — Sa » veuve qui passa un accord le 3 octobre 1654 avec » Sébastien de Broc, portait pour armoiries de

» famille : *De sable, à trois chevrons d'argent.* —
» Elle vivait encore en 1661, et laissa pour enfants :
» 1° Pierre de Broc, ondoyé le 6 février 1644, et
» baptisé à Broc, le 14 mars 1646. Il eut pour
» parrain, Pierre de Broc, évêque d'Auxerre, et
» pour marraine, Marguerite de Bourdeille, épouse
» de Jacques de Broc.—2° Michel de Broc, abbé de
» Chemiré. — 3° Bonne Marie Magdeleine de Broc,
» mariée à Sébastien de Broc (1). — 4° Elisabeth
» de Broc, mariée, en 1663, à son cousin-germain
» Ambroise des Escotais, troisième du nom, fils
» d'Ambroise des Escotais et d'Anne de Broc de
» Lizardière. — 5° Claude de Broc, qui partagea,
» le 28 novembre 1682, avec sa sœur Elisabeth, la
» succession de Sébastien de Broc, leur oncle. —
» 6° Armand de Broc, qui continua la descendance,
» était le fils aîné de la famille ; il naquit en 1634,
» et fut élu pour commander la noblesse du pays.
» Il fit sept campagnes, et fut tué à Benominy, en
» Lorraine, le 5 novembre 1674. Il avait épousé à
» Baugé, le 30 avril 1661, Françoise de Maugas,
» veuve de Louis de Vasselot, écuyer, seigneur de
» Dannemarie, et fille de François de Maugas,
» écuyer, seigneur de Sermaise, et de Françoise
» Sigonneau. — Sa veuve qui portait pour armes de
» famille : *D'azur, à la bande d'argent accostée
» de deux étoiles d'or*, fut tutrice des enfants ; elle

(1) Et en deuxièmes noces, à Ch. de Maillé de la Tour-Landry, marquis de Jalennes.

» fit son testament le 12 août 1712 et mourut avant » le 11 novembre 1721, laissant : 1° Michel-Armand » de Broc, page de la grande écurie du roi Louis XIV, » en 1680, qui obtint du roi, le 14 janvier 1708, » après seize années de services, de se retirer dans » sa famille. Il fut enseigne et lieutenant de vaisseau, » et mourut, sans avoir été marié, avant le 22 mai 1724. » — 2° Charles-Ambroise de Broc, dit l'abbé de » Broc. — 3° Françoise-Suzanne, dame de Grip. — » 4° Charles-René de Broc, chevalier, seigneur et » baron de Chemiré, du Bois-Bineteau, de Mouli- » nes, de la Cour-du-Moulin, des Petits Mans et de » Mons-en-Faye. Il était le second fils de la fa- » mille, et eut un procès à soutenir contre Marie- » Anne Darot, veuve de Jacques de Vasselot, son » frère utérin, seigneur de Dannemarie, qui fut jugé » à Paris le 22 mai 1724. Il avait épousé, le 4 fé- » vrier 1706, Anne-Jacquine Grandet, fille de Fran- » çois Grandet, écuyer, seigneur de la Plesse, et de » Françoise de Jousselin. Sa veuve qui portait pour » armes de famille : *D'azur au chevron d'or, ac-* » *compagné en chef de 3 étoiles, et en pointe, d'une* » *coquille, le tout de même,* laissa trois enfants : » 1° Anne-Françoise de Broc, dame de Grip, de » Chemiré, de la Cour-du-Moulin, de Mincé, etc., » qui ne fut point mariée (1772). — 2° Anne-Suzanne- » Henriette de Broc, née le 24 août 1715, dame de » Rigné, Sermaise, Moulines, Mont-Chauvon, » Bois-Bineteau, Poillé, Coustrolles, des Plan- » ches, etc., mariée à Baugé, à René-Charles-

» Hyacinthe d'Hardouin, marquis de la Girouardière, » fils de Philippe-René d'Hardouin, chevalier, » seigneur de la Girouardière, de Chantenay et de » la Roche-Saint-Bault, etc., et de Angélique-» Charlotte de la Saugère, qui mourut au château » de Moulines, près de Baugé, en octobre 1762. De » la Girouardière porte : *D'argent à la fasce de* » *gueules, accompagné en chef d'un lion léopardé* » *de sable, lampassé de gueules, et, en pointe, de* » *2 quintefeuilles de sinople.* — 3° René-François-» Armand de Broc, marquis de Broc, né en 1711, » fut enseigne, lieutenant, capitaine, brigadier. Le » marquis de Broc a fait toutes les campagnes, » depuis le siége de Philisbourg, en 1734, et s'est » trouvé aux batailles de Dettingue, en 1743 ; de » Fontenay, en 1745 ; de Lauwfeldt, en 1747, et » aux siéges d'Ypres, de Furnes, de Dendermonde, » de Tournay, d'Ath, de Maëstricht et de Berg-op-» Zoom. Il est décédé le 3 août 1757, âgé de 46 ans, » sans avoir été marié. En lui finit la branche des » seigneurs de Broc de Chemiré. » (V. *Chronologie historique et militaire*, par Pinard, t. VIII, p. 470. — *Généalogie des pairs de France*, du chevalier de Courcelles. — *Histoire du Lude.*)

» 3° Pierre de Broc, entré dans le sacerdoce sous » le titre d'abbé de Cinq-Mars, au diocèse de » Chartres, devint familier de la maison du cardi-» nal de Richelieu, et remplit avec la plus grande » intégrité et la plus grande intelligence les fonc-» tions que lui avait confiées le roi Louis XIII,

» dont il fut le conseiller et l'aumônier ordinaire » (1629). Aussi, par suite de la démission de l'illustre » Dominique, transféré au siége épiscopal de » Meaux, et sur la recommandation du cardinal de » Richelieu, il fut nommé abbé de Resons (ordre » des Prémontrés) et de Notre-Dame de Vellons, au » Vexin, diocèse de Rouen ; d'Arson et de Fon- » tenelle (ordre de Saint-Augustin), au diocèse de » Luçon, en Poitou ; puis évêque d'Auxerre, le » 10 septembre 1637. — A cette nouvelle, Tribolé, » tribun du peuple et propréteur du chapitre » d'Auxerre, fut choisi pour porter au nouvel élu » et les vœux et les hommages de tous les ordres. » — Pierre de Broc n'entra cependant en fonctions » que longtemps après, parce qu'il se trouvait re- » tenu par le soin de différentes affaires du roi et » du peuple. Il obtint, en effet, ses bulles au mois » de janvier 1639, et ne fut sacré que le 4 mars 1640, » à Paris, dans l'église des Cisterciens, par Léonore » d'Etampes, évêque de Chartres, Dominique, » évêque de Meaux, et Léonore, évêque de Cou- » tances. Quatre jours après il promit fidélité au » roi, à Saint-Germain-en-Laye, et le 5 avril, » jeudi saint, il entra solennellement dans sa ca- » thédrale, accompagné de tous ceux à qui était dû » l'honneur de l'escorter. — Le 28 janvier 1641, il » promit soumission à Octave, archevêque de » Sens ; la même année, il assista aux synodes du » clergé de Melun, tenus dans la Franche-Comté. » En 1642, il assista au sacre d'Henri, évêque

» de Rennes; la même année, il réglementa les
» hommages et honneurs que devait lui rendre le
» clergé d'Auxerre. — En 1645, il changea l'ab-
» baye de Fontenelle pour celle de Toussaint d'An-
» gers; la même année, il réforma les religieuses
» de Saint-Julien, en leur prescrivant la règle du
» Val-de-Grâce, et apaisa les conflits élevés entre
» l'abbesse et les religieuses de Calais; il fit en
» même temps des ordonnances propres à garantir
» la charité, la paix et l'observance de la règle. En
» 1647, il réconcilia la même abbesse avec l'arche-
» vêque de Paris. — Deux fois il reçut Louis XIV,
» à Auxerre, en 1650 et 1661. — En 1666, il fut
» pourvu des prieurés de la Madeleine et de Saint-
» Nicolas, de Sablé. — En 1650, il assista aux
» réunions du clergé de Paris, et il les présida
» comme agent général, en 1662.—Le 25 août 1651,
» assisté des évêques du Puy et de Rodez, il sacra
» Louis, évêque de Clermont, dans l'église de
» Sainte-Geneviève. — En 1654, il établit à Saint-
» Eusèbe les chanoines réguliers de la Congréga-
» tion française. — Il installa à Auxerre les reli-
» gieuses hospitalières, en 1657; celles de la Visita-
» tion, en 1659, et les Augustines déchaussées, en
» 1662. — Indulgent pour tous, il montrait à l'é-
» gard des clercs une telle sévérité qu'aucun n'o-
» sait solliciter, soit les ordres mineurs, soit le sa-
» cerdoce, à moins qu'il ne fut recommandé par sa
» science et par sa probité. Pour orner sa cathé-
» drale, il établit un vestiaire d'un goût exquis,

» propre à relever le culte, et fit de même pour ses » ornements sacerdotaux. Il dota splendidement » et des villes et des campagnes qui étaient sous sa » puissante juridiction, spécialement Regeanne. » C'est là qu'il mourut, le 6 juillet 1671. Il fut en- » seveli dans la crypte souterraine de l'église ca- » thédrale, et de là transporté, le 16 septembre 1730, » dans la nef, au tombeau de son prédécesseur l'é- » vêque de Dintevilla. — En 1669, il s'était démis » de ses fonctions, en faveur de Testu de Pierre- » basse, beau-frère de sa sœur Catherine de Broc. » — Un beau portrait le représente de trois quarts » à gauche, gravé in-folio, par Mic. Lasne, en 1652. » (V. *Gallia christiana*, édit 1870, t. XII, p. 347-348, » et Port, *Dict. historique d'Anjou*, p. 516.)

» 4° François de Broc, reçu chevalier de l'ordre » de Saint-Jean de Jérusalem, dit de Malte, sur ses » preuves faites au prieuré d'Aquitaine, les 27 et » 28 mai 1614, vivait en 1628. Il était capitaine » pour le roi, au Havre de Grâce, en 1637.

» 5° Catherine de Broc, marié avant le 30 jan- » vier 1630, à Jacques des Loges, chevalier, sei- » gneur des Loges, et de la chapelle Gaugain, dans » le Maine.

» 6° Antoinette de Broc, mariée à Lizardière, le » 26 septembre 1622, par Messire Louis de Savon- » nières, curé de Saslonges, à Charles Testu de » Pierrebasse, chevalier, seigneur de Pierrebasse, » fils aîné de Messire Jean-Guillaume Testu, che- » valier, seigneur de Menonville, de la Maison-

» Rouge et de la Galaisière, et de dame Renée » Clérambault, dame de Pierrebasse. — Leur fils » Messire Henri Testu de Pierrebasse, ancien ca- » pitaine de cavalerie au régiment de Chartres, » chevalier de Saint-Lazare, est décédé, sans pos- » térité, à Broc, le 28 octobre 1742. Il est inhumé » dans l'église de Broc dont il était pareur com- » mandataire.

» 7° Anne de Broc, fille d'honneur de la reine » Anne d'Autriche, mariée, par contrat du » 16 mars 1624, à Ambroise des Escotais, deuxième » du nom, chevalier, seigneur de Chantilly, de » Savigny, de la Durandière, de la Chevalerie, » d'Armailly, etc.; chevalier de l'ordre du roi, » gentilhomme ordinaire de la Chambre, etc.; fils » d'Ambroise des Escotais, premier du nom, che- » valier, seigneur de la Chevalerie et de la Tri- » gaudière; chevalier de l'ordre du roi, gentil- » homme ordinaire de la Chambre de Henri IV et » d'Antoinette de la Houdinière, dame de Chantilly. » — Anne de Broc était veuve, lorsque, comme » tutrice d'Ambroise des Escotais, son fils, elle fit » hommage pour la seigneurie de la Chevalerie, » mouvante de la vicomté de Foulletourte, à Sé- » bastien de Broc, son oncle, le 1er octobre 1643. » C'est ce même fils qui laissa de son mariage avec » Elisabeth de Broc, de Chemiré, Michel-Séraphin » des Escotais, marié, en 1706, à Elisabeth de » Montmorency-Laval, sœur du maréchal de ce » nom. »

IX.

JACQUES DE BROC, seigneur de Broc et de Lizardière.

Jacques de Broc, chevalier, seigneur de Broc, de Lizardière, etc., baron de Cinq-Mars-la-Pile, épousa, le 1er juillet 1624, par contrat passé au château du Louvre, en présence des reines Marie de Médicis et Anne d'Autriche, Marguerite de Bourdeille, fille d'honneur de la reine-mère, nièce d'Henri de Bourdeille, chevalier des ordres du roi, et gouverneur du Périgord ; petite nièce de Pierre de Bourdeille, si connu, par ses écrits, sous le nom de Brantôme, et fille de feu, haut et puissant seigneur Claude de Bourdeille, chevalier, baron de Mathas et de Beaulieu, en Saintonge, et en partie de Saint-Amand en Puisaye, seigneur de Tascheville et de Laideville, au pays Chartrain, etc., et de haute et puissante dame Marguerite du Breuil de Théon.

De Bourdeille porte : *D'or à 2 pattes de griffon de gueules, onglées d'azur, posées l'une sur l'autre en contrebande.*

En 1626, Jacques de Broc vendit la baronnie de Cinq-Mars au maréchal d'Effiat, aïeul du fameux Cinq-Mars décapité en 1634.

Jacques de Broc et Marguerite de Bourdeille, sa femme, passèrent, les 30 janvier 1634 et 6 décembre 1651, deux accords avec François de Broc et François de Montreny, qui leur abandonnèrent les seigneuries de Broc et de Lizardière.

Jacques de Broc mourut le 19 octobre 1652, et Marguerite de Bourdeille le 17 décembre 1659 ; tous deux sont inhumés au chœur de l'église de Broc. Ils laissèrent quatre fils et une fille. (Voir *Archives communales et généalogie des Pairs de France,* du chev. de Courcelles.)

« 1° Pierre de Broc, comte de Broc, vicomte de » Foulletourte, seigneur de Broc et de Lizardière, » marié à Vaudésir, le 24 décembre 1655, par articles sous-seing privé reconnus devant Bauny, » notaire à Saint-Christophe, le 10 janvier 1658, à » Elisabeth Testu, fille de Claude Testu, écuyer, » seigneur de Vaudésir, conseiller, maître d'hôtel » du roi et trésorier-général de France, à Tours, » et de Marie de Chervis. — Pierre de Broc figure » dans plusieurs actes des années 1648 et 1651 ; il » fut maintenu dans sa noblesse par jugement de » M. Voisin de la Noiraye, intendant en Touraine, » du 15 février 1669, et mourut sans postérité » en 1688. Ses biens passèrent à Michel-Claude de » Broc, son frère.

» 2° Michel-Claude de Broc dont le chapitre suit :

» 3° François de Broc, baptisé à Broc, le » 7 mai 1637.

» 4° Jacques de Broc, baptisé à Broc, le » 20 avril 1646, chevalier, seigneur du Plessis, marié le 6 février 1671, devant René du Bois, no-

» taire au Lude, à Marie Jarry, fille de Guy Jarry,
» seigneur de Brossay, et de Marie Gallichon.

» 5° Louise de Broc, baptisée le 5 juillet 1637,
» mariée en l'église de Broc, le 12 janvier 1665, à
» René-Jean Le Roy, chevalier, seigneur de Mon-
» taupin, fils de feu Louis Le Roy et Marie de Bel-
» langer. Ils figurent tous les deux dans des actes
» des 17 février 1675 et 24 mars 1681. »

X.

MICHEL-CLAUDE, comte de Broc, seigneur de Broc, de Lizardière, de la Fosse, etc.

Michel-Claude, comte de Broc, chevalier, seigneur de Broc, de Lizardière, de la Fosse, etc., fut baptisé en l'église de Broc le 16 juillet 1639, et eut pour parrain Michel de Broc, seigneur de Chemiré, et pour marraine Claude de Coutances, épouse de Barthélemy de Bourdeille, comte de Matha, capitaine de chevau-légers. Il épousa, par contrat passé devant Amellon, notaire au Lude, le 2 août 1666, Elisabeth Prud'hommeau, fille de noble Antoine Prud'hommeau, sieur de Darron et de René de Fautras. — Ils se firent un don mutuel de tous leurs biens, par acte du 6 mai 1667, passé devant René du Bois, notaire au Lude. — Michel-Claude de Broc fut maintenu dans sa noblesse avec ses frères, par M. Voisin de la Noiraye, intendant de

Touraine, 15 février 1669, et mourut peu avant le 16 juillet 1674. — Elisabeth Prud'hommeau, sa veuve, rend aveu en 1682 de la vicomté de Foulletourte, comme ayant la garde de Léonard son fils, et meurt avant le 21 février 1733, laissant deux fils : Armand et Michel de Broc.

Michel-Claude, comte de Broc, fut le dernier seigneur de Broc de cette maison. Les seigneuries de Broc et de Lizardière furent vendues, en 1669, à Henri de Daillon, comte du Lude. Mais, avant de parler des seigneurs de Broc de la maison de Daillon, nous continuerons la généalogie de la branche aîné de la maison de Broc :

Armand-Léonard de Broc, comte de Broc, fils aîné de Michel-Claude de Broc et d'Elisabeth Prud'hommeau, fut ondoyé le 16 mai 1667. Il fut nommé successivement cornette d'une compagnie, mestre de camp du régiment, mestre de camp général, le 20 février 1688; capitaine dans le même corps, le 23 janvier 1690; colonel du régiment de Broc (infanterie), le 20 décembre 1695; tué à la bataille d'Hochsteit, le 13 août 1704. Il épousa, le 1er mai 1698, haute et puissante dame Suzanne de Nargonne, veuve de Jean de Vaux, chevalier, marquis de Levaré, et cousine-germaine de Françoise de Nargonne, femme de Charles de Valois, duc d'Angoulême, fils naturel de Charles IX, laquelle, par une singularité peut-être unique, est morte en 1713, cent quarante ans après Charles IX, son beau-père. — Armand-Léonard de Broc n'a pas eu d'enfants.

Michel de Broc, fils puîné de Michel-Claude de Broc et d'Elisabeth Prud'hommeau, chevalier, seigneur des Perrais, de Pescheraye, de Mondan, de la Roche-Taraby, du Breil, etc., vicomte de Foulletourte, comte de Broc, obtint, le 6 juillet 1667, une sous-lieutenance du régiment de la reine (infanterie), dans lequel il fut nommé lieutenant, puis capitaine, les 22 septembre 1688 et 27 décembre 1692. Il fit avec ce corps les campagnes sur le Rhin, en Allemagne et en Flandre, et fut maintenu dans sa noblesse le 28 octobre 1717, par jugement de M. Chauvelin, intendant de la généralité de Tours. — En 1708, il acheta la seigneurie de Breil, commune du canton de Montfort-le-Rotrou (Sarthe), annexée au château de Pescheraye, qui possédait une chapelle fondée avec l'autorisation de la reine Bérengère, épouse de Richard Cœur-de-Lion, par Louise de Vallée, veuve de Thomas de Laval, baron de la Faigne, seigneur de Tartigny, assassiné par son valet de chambre, le 25 février 1191. — Michel de Broc fit son testament au château de Pescheraye le 29 novembre 1738, et mourut le 14 mars 1739. — Il avait épousé, le 27 novembre 1705, Armande-Renée Richer, fille de Jacques Richer, écuyer, seigneur de Breil, et d'Armande Rebuffe. — Richer porte : *D'azur à la croix de calvaire, à 3 degrés d'argent, accompagnés en chef de trois étoiles d'or mal ordonnées.* — De ce mariage, sont provenus trois fils, dont le troisième, mort au berceau (31 mai 1710), et trois filles, savoir : 1° Louise-Marie-Madeleine de Broc, née le 26 mars 1709, religieuse, puis abbesse de la Fontaine-Saint-Martin, mentionnée dans des actes des 9 mai 1732 et 29 novembre 1738. — 2° Renée-Armande, née le 18 juin 1711. — 3° Elisabeth-Armande, née le 25 janvier 1713. — Ces deux dernières furent religieuses au même monastère que leur sœur l'abbesse.

Michel-Armand de Broc, vicomte de Foulletourte, seigneur des Perrais, de Pescheraye, de Livernois, de Guesselard, fils aîné de Michel de Broc et d'Armande-Renée Richer, était né le 3 décembre 1707. — Il fut nommé lieutenant à la suite du régiment du roi (infanterie), le 22 janvier 1722, et servit cette année au camp de Montreuil. — Pourvu d'une lieutenance dans la compagnie de Ligny, au même régiment, le 20 novembre 1724, il se trouva au siége de Gerra d'Adda, de Pizzighitone et du château de Milan, en 1733, ainsi qu'à ceux de Tortone, de Novare et de Sarravalle, en 1734. Le 1er mars de cette année, il fut nommé capitaine d'une compagnie qu'il commanda à l'attaque de Colorno, aux batailles de Parme et de Guastalla, ainsi qu'au siége de la Mirandole, dans la même année, puis à ceux de Révérée, de Reggio et de Gonzague, en 1735. Louis XV, en considération de ses services, lui donna la croix de l'ordre de Saint-Louis, le 17 août 1738. — Il servit au camp de Compiègne, en 1739. — Le 22 mai 1742, il fit hommage au roi, en la chambre des comptes de Paris, pour sa vicomté de Foulletourte et pour les fiefs et seigneuries du petit Livernois, de Seran, du petit Guesselard, etc. — Le marquis de Broc se trouva au combat de Sahay, au ravitaillement de Frauenberg, à la fameuse retraite de Prague, en 1742, et à la bataille de Dettinguen, en 1743. — Le 16 mars 1744, il fut nommé lieutenant de la compagnie colonelle du régiment du roi, en conservant son rang de capitaine. Il se trouva en cette qualité au siége de Menin, d'Ypres et de Furnes, à l'affaire de Haguenau et au siége de Fribourg, dans la même année; à la bataille de Fontenoy, aux siéges de Tournay, Oudenarde, Dendermonde et Ath, en 1745; à celui de Bruxelles et à la bataille de Raucoux, en 1746; enfin, à la bataille de Lawfeldt, en 1747. — Le marquis de Broc fut nommé, le 7 août 1747, colonel du régiment d'infanterie d'Aunis, qu'il commanda d'abord en Provence, puis en Italie, jusqu'à la paix. — Il était passé avec son grade dans le corps des grenadiers de France, lorsqu'il reçut, le 1er février 1749, sa nomination de colonel-lieutenant du régiment de Bourbon (infanterie). Il commanda ce corps au camp de Sarre-Louis, en 1753; sur les côtes, en 1756, 1757 et 1758; et la manière dont il se conduisit au combat de Saint-Cast, en Bretagne, contre les Anglais, le 11 septembre de cette dernière année, fixa le choix qu'on fit de lui pour apporter au roi les détails de cette brillante affaire. Louis XV le créa brigadier d'infanterie, le 15 octobre suivant; maréchal de camp, le 20 février 1761; puis, commandeur de l'ordre de Saint-Louis, le 1er septembre 1764. — Il fut pourvu du commandement en Bretagne, le 13 décembre 1765; passa à celui d'Alsace, en 1767, et mourut sans enfants au château des Perrais, le 4 avril 1775. (*Dictionnaire hist. des généraux français*, par M. de Courcelles,

t. III, pp. 208-209.) — Le marquis de Broc avait épousé, en 1732, par contrat passé devant MM. Martin Le Long et René Léon, notaires royaux à Sainte-Suzanne et à Estival, haute et puissante demoiselle Jeanne-Jacqueline de Duminick de Milon, fille de feu haut et puissant seigneur Jacques-Ferdinand de Duminick, baron de Milon, colonel de Sa Majesté Impériale et Royale, commandant du fort Saint-Pierre de Fribourg, et de dame Françoise-Anastase de Villegine, dame de Hembach. — Le marquis de Broc ayant vendu la terre de Pescheraye le 10 juin 1769, à M. Fontaine de Biré, trésorier général de France, ses autres biens passèrent à son frère puiné, Charles-Léonor de Broc, qui a continué la descendance.

Charles-Léonor, chevalier, puis comte de Broc, vicomte de Foulletourte, seigneur de la Fosse, des Perrais, de la Chevalerie, de Mondan, de Bresteau, etc., était le second fils de Michel de Broc et d'Armande-Renée Richer. Il fut nommé successivement lieutenant en second de la compagnie de Broc, au régiment du roi (infanterie), en 1735 ; enseigne, puis lieutenant au régiment d'Orléans (infanterie), les 1er mai 1738 et 9 mars 1742 ; capitaine d'une compagnie, le 20 mars 1745 ; capitaine de cavalerie dans le régiment de la Viefville, le 10 mars 1747 ; chevalier de l'ordre royal et militaire de Saint-Louis, le 7 septembre 1754 ; capitaine au régiment de Saint-Aldégonde (cavalerie), en 1757, puis dans celui de la reine ; enfin, lieutenant-colonel de cavalerie, le 16 octobre 1764. — Le comte de Broc partagea la succession avec son rère aîné, le marquis de Broc, le 18 avril 1769, et fit hommage à MONSIEUR, duc d'Anjou et d'Alençon, comte du Maine, le 24 décembre 1778, entre les mains du baron de Fontelle, son chancelier et garde des sceaux, pour la vicomté de Foulletourte et sept cents arpents de la lande de Bourré que le roi avait concédés au feu marquis de Broc. — Il avait épousé, le 16 janvier 1746, Madeleine-Gabrielle-Renée de Menon de Turbilly, fille de haut et puissant seigneur François-Henri de Menon, seigneur de Bresteau, de Chéronne, et de haute et puissante dame Madeleine-Françoise de la Rivière, qui apporta en dot la seigneurie de

Bresteau. — De Menon porte : *D'or, au chardon de sinople, fleuri de gueules, mouvant d'un croissant d'azur.* — Le château de Bresteau auquel était annexée la seigneurie de la Beille, qui s'étendait sur six paroisses, est situé à trois kilomètres de Montfort-le-Rotrou (Sarthe), et voisin de celui de Breil. Vingt fiefs relevaient de cette seigneurie. — Le comte de Broc a laissé : 1° Madeleine-Jeanne-Joséphine-Gabrielle de Broc, née le 26 septembre 1749, mariée, en 1767, à Nicolas-Alexandre-François de la Fresnaye, marquis de Saint-Aignan, fils de François de la Fresnaye, et de Marie-Madeleine-Françoise-Jeanne-Baptiste de Sainte-Marie. — Elle fut dame pour accompagner la princesse de Conti, en 1775; dame d'honneur de cette princesse, en 1785, et mourut en 1840, laissant Alexandre-François de la Fresnaye, marquis de Saint-Aignan, qui fut baptisé le 11 mai 1768, capitaine de vaisseau, chevalier de Saint-Louis, et marié à Elisabeth Mareschalchi, fille du comte Ferdinand, ministre italien et ambassadeur d'Autriche à Modène, décoré de presque tous les ordres. — 2° Louise de Broc, comtesse de Broc, née le 18 février 1752. Présentée à la cour, en 1778, elle fut attachée en qualité de dame pour accompagner la princesse de Lamballe, alors surintendante de la maison de la reine. — 3° Marie-Augustine de Broc, née le 8 janvier 1757, mariée, le 17 juillet 1781, à Alexandre-Paul-Louis, marquis de Samson, morte en 1846 (1). — 4° Charles-Michel de Broc, qui a continué la descendance.

Charles-Michel de Broc, vicomte de Foulletourte, marquis de Broc, seigneur des Perrais, était fils de Charles-Léonor, comte de Broc, et de Madeleine-Gabrielle-Renée de Menon de Turbilly. Il fut nommé successivement sous-lieutenant au régiment de la reine (cavalerie), le 8 mai 1766 ; sous-lieutenant de la compagnie de Broc au même régiment, le 10 février 1767 ; capitaine-com-

---

(1) De Samson porte : *Ecartelé au 1er et 4e, d'or, ou au 2e et 3e de gueules; sur le tout, aux lions grimpant l'un dans l'autre, armés et compassés d'azur;* pour cimier, *un Samson écartelant un lion; deux lions pour supports;* pour devise, *Fortis est Samson;* pour cri de guerre, *Tout par force.*

mandant de la compagnie ; mestre de camp du même corps, le 16 octobre 1768 ; capitaine-commandant du régiment de Quercy (cavalerie), en 1785 ; chevalier de Saint-Louis et lieutenant-colonel du régiment de Royal-Champagne, le 2 novembre 1787 ; suppléant aux états-généraux pour l'ordre de la noblesse du Mans, en 1789. Il épousa avec l'agrément du roi et de la reine, le 8 avril 1778, Emilie de Bongars, fille d'Alexandre-Jacques de Bongars, président à mortier au parlement de Metz, et de dame Jeanne Magoulet de Maisoncelles. — De Bongars porte : *De sable à trois molettes d'éperon d'or, surmontées de trois mouchetures d'hermine du même ; au chef cousu de gueules, chargé de deux têtes de léopard d'or.* — Le marquis de Broc est décédé le 3 octobre 1803, laissant Charles-Gabriel qui suit :

Charles-Gabriel de Broc, marquis de Broc, chevalier de la Légion-d'Honneur, né le 11 janvier 1779, entré dans la seconde compagnie des mousquetaires, le 1er juillet 1814 ; lieutenant-colonel du 6e régiment de hussards, le 2 novembre 1815 ; s'est marié, en 1798, à Anne-Marie-Françoise Chevalier, fille de Jean-Baptiste Chevalier, maréchal de camp, chevalier de Saint-Louis, ancien gouverneur des possessions françaises au Bengale, et de Marie-Anne Robin d'Aligny. — Chevalier porte : *D'azur, au buste de licorne d'argent ; au chef de même chargé de trois merlettes de sable.* — Charles-Gabriel de Broc est mort en 1860 ; il a eu trois fils, savoir :

1° Charles-Léon de Broc, comte, puis marquis de Broc, né le 18 janvier 1800, officier supérieur de cavalerie, chevalier de la Légion-d'Honneur et de Charles III d'Espagne, a fait, en 1823, la campagne d'Espagne. Il faisait partie du cinquième corps d'armée, et est cité avantageusement pour sa bravoure qui l'a fait décorer par le roi Ferdinand VII. Il s'est marié, en 1848, avec Marie-Louise-Pauline-Clémentine du Fresne de Beaucourt, fille de Charles-François-Marie du Fresne de Beaucourt et d'Anne-Marie-Louise-Adelaïde de Bery-d'Essertaux, et veuve du comte Henri de Gallwey. — Du Fresne porte : *D'or, au frêne de sinople.* — Charles-Léon, marquis de Broc, mort en 1863, a laissé un fils : Charles-Marie-Thibaut, marquis de Broc, né en 1852.

2° Armand-Charles-Fernand, vicomte de Broc, né en 1807, entré à Saint-Cyr en 1825, mort en 1826.

3° Sosthènes-Gonzalve de Broc, vicomte, puis comte de Broc, né le 7 mars 1809, marié en 1843, à Marie-Georgina-Caroline Chevalier de Caunan, fille de Jean-Georges-Louis-Armand Chevalier, baron de Caunan, et d'Elisa-Joséphine Oudinot de Reggio, et petite-fille du maréchal Oudinot, duc de Reggio. — Chevalier de Caunan porte : *D'azur à la licorne d'argent; au chef d'argent chargé de trois merlettes de sable.*

Il a eu de ce mariage :

1° Hervé-Armand-Charles, vicomte de Broc, né en 1848.

2° Alix-Elisabeth-Gabrielle de Broc, née en 1844, mariée, en 1866, à Léonce-Michel Robert, comte de Lambertye, morte en 1870. — De Lambertye porte : *D'azur, aux deux chevrons d'or.*

XI.

HENRI DE DAILLON, seigneur de Broc, de Lizardière, duc du Lude.

Henri de Daillon, qui avait acheté les terres et seigneuries de Broc et de Lizardière de Michel-Claude de Broc, était né en 1625 et fils unique de Timoléon de Daillon, comte du Lude, marquis d'Illiers, et de Marie Feydeau, dame de Boicle, fille d'Antoine Feydeau et de Marie Pajot. De Feydeau porte : *d'azur au chevron frisé d'or, cantonné de 3 crouzilles de même, 2 en chef, une en pointe.*

La maison de Daillon, dont Henri de Daillon, duc du Lude, descendait en ligne directe, était originaire du Poitou. Parmi les personnages les plus distingués de cette famille, nous remarquons :

Jehan de Daillon, premier du nom, seigneur de la Jumellière, marié à Philippe de la Jumellière, fille de Macé (Mathieu) de la Jumellière, prince d'Olivier, seigneur de la Roche aux Aubiers, et de Marguerite de Savonnières. Ce seigneur vint s'établir, vers le milieu du XIVe siècle, à Bourges, où il acquit une immense fortune.

Jean de Daillon, deuxième du nom, fils du précédent, fut capitaine d'une compagnie du roi de cent hommes d'armes, mérita, par les grands services qu'il rendit sous le règne de Charles V, les emplois considérables qu'il eut dans les armées et l'honneur que le roi lui fit de lui choisir la sœur du connétable Du Guesclin pour femme (lettres-patentes de juillet 1675), dont il eut un fils qui suit :

Gilles de Daillon, né en 1376, marié : 1° 27 octobre 1408, à Jeanne, fille aînée de Thibaud de l'Espine, seigneur de Launay-Gobin ; 2° étant vieux et couvert de cicatrices, en 1440, à Marguerite de Montberon, fille de François de Montberon, baron de Moléones, et de Jeanne de Vendôme, dame du Lude. C'est à l'occasion de ce dernier mariage que

Pierre de Vendôme, son beau-frère, fils de Jean de Vendôme, seigneur du Lude, et de Marie d'Orange, princesse de Bretagne, veuve de feu le sire de la Feuillette, lui conféra (1) ce qui lui restait de droits sur le Lude, et dès ce moment Gilles de Daillon porta le titre de seigneur du Lude. De Vendôme porte : *écartelé au 1er et 4e d'argent au chef de gueules au lion d'argent brochant sur le tout ; au 2e et 3e, écu de France.* — Ce Gilles de Daillon, qui fit toutes les guerres de Charles VII, succéda aux emplois de son père et mourut, en 1443, des blessures qu'il reçut en repoussant les Anglais devant la ville de Dieppe, laissant un fils, de son premier mariage, Jehan de Daillon, qui continua la descendance.

Jehan de Daillon, troisième du nom, fut marié deux fois : 1o 28 juin 1443, à Renée, dame de Fontaines, fille unique de René, seigneur de Fontaines, et de Jeanne de Vendôme, et petite fille de Guérin des Fontaines (2); 2o le 8 août 1459, à Marie de Laval, fille aînée de Guy de Laval, seigneur de Loué, et de dame Charlotte de Sainte-Maure. — Jehan de Daillon, seigneur du Lude, était né à Bourges, le 2 juillet 1423, le même jour que le dauphin Louis XI, avec lequel

(1) Pour la somme de deux mille quatre cents livres.

(2) Seigneur de Fontaine-Milon, qui, en 1420, livra bataille aux Anglais, au champ de la *Bataille*, près Vieil-Baugé, les mit en pleine déroute, tua de sa main le duc de Clarence, leur chef, frère du roi d'Angleterre, prit son étendard qu'il suspendit aux voûtes de l'église Notre-Dame, où on l'a vu pendant plusieurs siècles.

il fut nourri. Il fut chambellan des rois Louis XI et Charles VIII, conseiller, gouverneur du Dauphiné, du Roussillon, d'Alençon, du Perche et du comté d'Artois, bailli de Cotentin, capitaine de la Porte et de 100 lances des ordonnances du roi, général des armées en Roussillon et en Picardie, et surnommé, par Louis XI, le *maître des habiletés*. Il mourut, en 1482, laissant: 1° Renée de Daillon, mariée à Alain de la Mothe-Evée, et, en secondes noces, à Antoine de Loubès, seigneur de Jenardail, pannetier du roi ; 2° Jeanne de Daillon, mariée à Jacques de Myolans, gouverneur du Dauphiné ; 3° François de Daillon, surnommé le chevalier de la *Cropte*, se distingua aux batailles de Saint-Aubin-du-Cormier, de Fornoue et de Ravenne où il fut tué, en 1512 ; 4° Jacques de Daillon qui suit :

Jacques de Daillon, baron du Lude et de Sauteray, sénéchal d'Anjou (1510), conseiller et chambellan de Louis XII et de François Ier, gouverneur de la Rochelle et de Fontarabie, qu'il prit en 1521, et la défendit contre toutes les forces de l'Espagne pendant un siége de quinze mois, où les assiégés en furent réduits à manger des rats et des parchemins bouillis. — C'est lui qui fit bâtir le château du Lude et sculpter sur les pilastres cette figure de porc-épic que le *père du peuple*, Louis XII, son bien-aimé maître, avait choisi pour emblème avec cette devise : *qui s'y frotte s'y pique*. — Jacques de Daillon, né en 1462, épousa, le 4 mai 1491, Madeleine-Jeanne, dame d'Illiers, et mourut à

Illiers des blessures qu'il reçut à la bataille de Pavie, en 1533, laissant un fils et deux filles. Illiers porte : *d'or, à 6 annelets de gueules, 3, 2, 1, avec un agneau pascal au milieu.*

Jean de Daillon, quatrième du nom, seigneur du Lude, baron d'Illiers et de Briançon, sénéchal d'Anjou (1547), gouverneur du Poitou, de la Rochelle, du pays d'Aunis, de Guyenne, fut marié, le 30 juin 1528, à Anne de Batarnay, fille de François de Batarnay, baron du Bouchage, et de Françoise de Maillé dont il eut sept enfants, quatre garçons et trois filles. — Jean de Daillon était né en 1493; il mourut à Bordeaux, le 21 août 1557. C'est en sa faveur que François Ier érigea le Lude en comté par lettres-patentes, datées de Pesou, en l'an 1545. — Sa sœur Antoinette fut mariée à Nicolas, dit Guy XVI, comte de Laval, et son autre sœur, Anne, à Louis, seigneur d'Etissac, gouverneur de la Rochelle.

Guy de Daillon, fils aîné de Jean de Daillon, quatrième du nom, né en 1530, fut enfant d'honneur du roi Henri II, seigneur du Lude, gouverneur du Poitou, sénéchal d'Anjou (1560), chevalier, et marié, en 1559, à Jacqueline, fille de Louis de la Fayette et d'Anne de Veaume, dame de Pontgibaud, qui lui apporta en dot la seigneurie de la Fayette. — Son frère, René de Daillon, fut évêque de Luçon, abbé commandataire de Châtelliers, puis évêque de Bayeux, et le premier ecclésiastique nommé chevalier du Saint-Esprit, ordre institué par Henri III, en 1578. — Guy de Daillon défendit Poitiers contre les Huguenots commandés par l'amiral de Coligny qui l'assiégeaient avec trente pièces de canon et les força de se retirer (1576). Il mourut à Briançon, le 15 juillet 1585, laissant quatre enfants, un fils et trois filles.

François de Daillon, seigneur du Lude, de Pontgibaud et de Briançon, marquis d'Illiers, sénéchal d'Anjou (1595), lieutenant-général de la province d'Auvergne et conseiller d'Etat, était né le 22 février 1570 et fils de Guy de Daillon. Il servit sous les rois Henri III, Henri IV et Louis XIII. Il eut une haute position à la Cour et fut gouverneur de Gaston de France, duc d'Orléans, frère de Louis XIII, premier gentilhomme de sa chambre et surintendant de sa maison. Le jour de la Fête-Dieu, la veille de son couronnement à Chartres, Henri IV le vint voir au Lude, en 1598. Vingt ans après, il reçoit encore, 5 juin 1619, Louis XIII allant d'Angers en Touraine auprès de sa mère, Marie de Médicis, qui s'était retirée à Chenonceaux. — François de Daillon mourut à Illiers, le 27 septembre 1619, âgé de 49 ans, laissant quatre fils. — Il avait épousé, en 1597, Françoise de Schomberg, fille de Gaspard de Schomberg et de Jeanne de Chastenère de la Roche-Pousé. — Sa sœur Anne fut mariée à Jean de Bueil, comte de Sancerre ; Diane, à Jean de Lévy, comte de Chazlus ; Antoinette, à Gilbert de la Guiche, seigneur de Saint-Chaumont-la-Palice, grand maître de l'artillerie.

Timoléon de Daillon, l'aîné des fils de François

de Daillon et de Françoise de Schomberg, naquit le 29 octobre 1600 et fut père de Henri de Daillon, le premier de sa maison, seigneur de Broc et de Lizardière. Daillon porte : *d'azur, à la croix engrelée* (1).

Henri de Daillon, seigneur de Broc et de Lizardière, comte du Lude, marquis d'Illiers, fut élevé à la Cour et en devint un des plus brillants cavaliers; il fut aussi colonel du régiment des fusiliers du roi, gouverneur de Versailles, lieutenant-général des armées et conseiller d'État, grand maître et capitaine-général de l'artillerie et chevalier des ordres du roi, duc et pair du royaume en juillet 1675. — Henri de Daillon avait épousé Renée-Eléonore de Bouillé, comtesse de Créance, unique héritière du marquis de Bouillé, au Maine (2). — Veuf le 12 janvier 1681, il épousa l'année suivante Marguerite-Louise-Suzanne de Béthune de Bellême, veuve en premières noces du comte de Guiche. De Béthune porte : *d'argent à la fasce de gueules.* — Il mourut sans enfant, à l'arsenal de Paris, quartier Saint-Paul, le 30 août 1685. (Voir *Histoire du Lude*, p 60 — Dom Housseau — *Gallia Christiana*, t. II, 1412, *passim* — Trésor Héraldique — Bibliothèque impériale — Lettres-patentes de 1675 — Bodin, *Recherches hist.*, t. II, page 493 — Pesche, *Dict. hist. Sarthe.*)

---

(1) Pour devise : qui touche a bien visé.

(2) Surnommée la *Grande chasseresse.*

XII.

ANTOINE DE ROQUELAURE, seigneur de Broc, de Lizardière, comte du Lude.

Antoine-Gaston-Jean-Baptiste de Roquelaure, seigneur de Broc, de Lizardière, marquis de Biron, duc et pair, neveu de Henri de Daillon, fils de celui qui s'est rendu célèbre par ses bons mots et la bizarrerie de son caractère, et qui avait épousé la belle Charlotte-Marie de Daillon, sœur aînée de Henri de Daillon, morte, le 13 décembre 1657, après quatre ans de mariage, sur les enfants de laquelle Louis XIV autorisa la transmission des biens et des titres de leur oncle, Henri de Daillon, moins le duché-pairie dont les lettres-patentes n'avaient pas été enregistrées au Parlement. — De Roquelaure prit donc le titre de comte du Lude et fut gouverneur de Lectoure, lieutenant-général des armées et commandant en chef en Languedoc ; il fut nommé maréchal de France, le 2 février 1724, et mourut à Lectoure, en 1738, âgé de 82 ans. En lui s'éteignit le nom des Roquelaure. Il ne laissa que deux filles, dont l'une, Elisabeth, épousa le prince de Pons (Lorraine) et mourut en 1752, et l'autre, Françoise de Roquelaure, dame du Lude, fut mariée, le 29 mai 1708, à Louis de Bretagne, duc de Rohan Chabot. De Roquelaure porte : *écartelé au* 1er *et au*

4e d'azur, à trois rocs d'argent, au 2e et 3e d'argent à trois vaches passantes accornées et clarinées d'azur chargé de 3 étoiles qui est de Bèzolles (*alliance du* 18 *octobre* 1537). *Sur le tout d'argent au lion d'or, qui est de Bouzet-Roque-Epine* (*alliance du* 26 *octobre* 1495).

XIII.

LOUIS DE BRETAGNE, duc de Rohan-Chabot, seigneur de Broc, de Lizardière, comte du Lac, prince de Léon et de Soubise.

Louis de Rohan-Chabot, seigneur de Broc et de Lizardière, était le fils unique de Henri Chabot, marquis de Saint-Aulaye, marié, par contrat du 15 juin 1645, à Marguerite de Rohan, fille unique de Henri, deuxième du nom de Rohan, petit-fils du maréchal de Gié, créé duc et pair en 1603, mort, en 1638, des blessures qu'il avait reçues dans les guerres de la Valteline, et de Marguerite de Béthune-Sully.

Louis de Bretagne n'eut qu'un seul fils de son épouse Françoise de Roquelaure, décédée en 1741 ; Louis-Marie de Bretagne de Rohan-Chabot, prince de Léon, qui vendit le Lude et les seigneuries de Broc et Lizardière, le 2 décembre 1751, à Joseph-Julien Duvelaër, chevalier et seigneur de Lurven. De Rohan-Chabot porte : *écartelé aux 1 et 4 de gueules à neuf macles d'or, qui est Rohan ; au 2 et 3, d'or, à 3 chabots de gueules, qui est de Chabot.* Devise : *Concussus resurgo potius mori quam fœdari.* (V. *Hist. du Lude,* p. 102. — *Annuaire de la noblesse.*)

XIV.

JOSEPH-JULIEN DUVELAER, seigneur de Broc, de Lizardière, de Lurven, comte du Lude.

Joseph-Julien Duvelaër, dont l'origine est inconnue, était membre de la Compagnie des Indes-Orientales. Il avait résidé longtemps en Chine et épousé une chinoise dont le portrait est encore au château du Lude avec beaucoup d'objets de l'Inde apportés par lui, entre autres un costume complet de mandarin.

Il allait repartir pour Macao, vers la fin de 1764 ou le commencement de 1765, lorsqu'il mourut subitement. La rumeur d'alors, rumeur qu'un siècle n'a pas fait oublier, était que son valet de chambre, ne voulant ni retourner dans le Céleste Empire, ni perdre le legs qu'il savait lui être fait, avait empoisonné son maître,

Celui-ci n'ayant pas d'enfants avait tout légué à sa nièce Françoise-Joséphine Butler, née en 1741, fille de Richard Butler et de Marie-Françoise Duvelaër, qui épousa bien jeune encore messire Etienne Baude, marquis de la Vieuville, et qui vendit avant d'être mariée, vers 1767, les seigneuries de Broc et de Lizardière, à messire Belin de Langlotière, ancien lieutenant colonel, seigneur de Meaulne, dont l'histoire est inscrite dans la généalogie des seigneurs de ce fief. (Voir *Hist. du Lude*, p. 103, 105, 106; Port, *Dict. hist.*, p. 515.)

A partir de cette époque, la seigneurie de Broc et de Lizardière se trouve confondue dans celle de Meaulne et perd toute son importance. Les fortifications du château de Lizardière délaissées depuis un siècle, s'écroulent insensiblement sous les sourds et incessants ravages du temps, et le soc tranchant du laboureur sillonne maintenant la place où s'agitaient autrefois les nobles et fiers paladins. Autre temps, autres mœurs !

Nous ne pouvons cependant terminer ce récit sans jeter un affectueux et dernier regard sur les restes de cette forteresse agonisante.

Le château de Lizardière, berceau de la maison de Broc, a cruellement souffert de l'abandon de ses suzerains. Ce n'est vraiment plus qu'un squelette rongé, déchiqueté, que nous voyons; mais, tel qu'il est, son aspect est encore très-imposant, et bien peu de manoirs annoncent mieux que celui-ci une grande et ancienne terre. Situé dans le creux d'un vallon qui domine les prairies de Meaulne, il présente encore, vu de la hauteur ou du fond de la vallée, un vif reflet de sa splendeur d'autrefois. La tour flanquée des anciennes demeures seigneuriales converties en ferme, se détache nettement de son cadre rustique et semble encore protéger ces lieux de son ombre silencieuse. Construite dans un temps de conflits perpétuels entre les seigneurs (1160), elle a traversé sans trop souffrir les révolutions et les siècles, et gardé le cachet authentique du règne de la féodalité. Son élévation (25 mètres), sa forme, sa structure, l'épaisseur et la solidité de ses murs, font penser aux sanglantes époques où chaque manoir était une forteresse et où chaque jour avait son danger. Mais en approchant de près, les illusions et les rêves s'évanouissent comme ces vapeurs de l'aurore sous les rayons du soleil, et le triste aspect des bâtiments suffit pour rappeler combien le moyen âge est loin de nous. La tour ébréchée, les bâtiments non entretenus, la chapelle dénudée, tombent par miettes ; il n'est resté intact que les immenses caves creusées dans le tuf et les vastes souterrains qui se prolongent au loin dans diverses directions. Le puits construit dans le mur des bâtiments de la cour donne entrée dans ces souterrains.

On se fait à peine une idée des contours et des fortifications que cette forteresse a dû avoir aux jours de sa gloire. Les murs et les tours qui formaient son enceinte, d'une superficie de plus de dix hectares, sont complètement rasés. La base seule de la partie méridionale se voit encore, à partir du château jusqu'à l'éminence, et donne une figure assez exacte de sa grandeur et de son importance.

Le vieux castel a conservé, malgré les mutilations qu'il a subies, son antique physionomie, et rappelle le caractère et les mœurs de ses anciens habitants. Le voyageur, à la vue de ce manoir séculaire, médite et se recueille involontairement; de grands sentiments et de hautes pensées l'agitent; il trouve dans ce cadavre impassible qui se déforme, meurt, s'use et s'éteint en silence, de sublimes et sérieuses leçons; il lit dans ses débris, et leur histoire passée, et leur délaissement présent, et leur deuil futur; il évoque les ombres du passé et les voit défiler successivement à travers les âges écoulés. Son imagination se reporte aux temps héroïques des mémorables combats, et le valeureux chevalier, type du dévouement et de l'honneur, brille d'une auréole que le socialisme actuel ne peut ternir.

Le sol et les bâtiments utilisés depuis deux cents ans pour les besoins d'une exploitation agricole, ont subi des transformations qui en ont étrangement dénaturé l'aspect. La cour avec tous les accessoires de la vie rustique jetés pêle-mêle dans un entassement confus, présente l'indescriptible chaos d'un monde en évolution, mais n'altère en rien le plan primitif et grandiose de l'édifice.

L'intérieur seul ne conserve presque plus aucun vestige de sa première distribution, et la décadence apparaît complète, absolue. Ces vastes salons, nus et dépouillés, conservent à peine un air de dignité et de noblesse; ces immenses cheminées qui dévoraient des arbres entiers, laissent échapper une espèce de fumée hétéroclite, vaporeuse comme l'haleine par un temps de froidure, comme ces brouillards qui s'élèvent de terre après une pluie d'été; ces sombres et interminables corridors, ces robustes escaliers en colimaçons, ces indestructibles charpentes, toutes ces choses enfin que comportaient les grandes existences d'autrefois, sont dans un état de délabrement qui inspire la mélancolie et attriste l'âme.

Le château de Lizardière est construit dans le plan de l'E. à l'O., sur une longueur de 95 mètres. Il est caractérisé par des ouvertures carrées encadrées de cannelures et de moulures croisées creusées dans le tuf en forme de gorge, avec frontons armoiriés. Les fenêtres sont surmontées de cordons perlés et de modillons représentant des fleurs. Une corniche à modillons simples couronne toute la façade et la circonférence de la tourelle ronde qui termine l'angle N.-O. du bâtiment. — La grande tour placée au centre mesure 25 m. de haut. sur 15 m. de diamètre, et se termine par une plate-forme avec dôme surmonté d'une lanterne à quatre baies. La plate-forme et le dôme sont couronnés de corniches à modillons simples. — De chaque côté de la tour, deux portes à plein-cintre de 1 m. de larg. sur 3 de haut.; sur celle de gauche, un pilier armoirié flanqué de deux rainures pouvait servir de potence ou de pont-levis. — Dans les caves, une cheminée de 3 m. d'ouverture, dont la table est supportée par deux énormes colonnes à chapiteau uni.

LA SEIGNEURIE

DE

LA COUR-DE-BROC

La seigneurie de la Cour-de-Broc, située à Dissé-sous-le-Lude (Sarthe), à un kilométre de la commune de Broc, était autrefois le lieu de juridiction de la paroisse de Broc. Un très-ancien château, avec deux pavillons carrés, restauré à la moderne par le propriétaire actuel, se voit sur la rive droite de la Marconne.

Les plus anciens de ses seigneurs, nous dit M. Louis Trinquant, procureur au siége royal de Loudun, sont : Thibaut de Broc, varlet, seigneur de Broc et de Lizardière, et de la Cour-de-Broc, et son fils Baudouin qui fut marié deux fois. Leur histoire fait partie de la seigneurie de Broc.

C'est à partir de ce dernier seigneur que la seigneurie de la Cour-de-Broc devint l'apanage de son plus jeune fils, et fut séparée de celle de Broc et de Lizardière.

I.

GUYON DE BROC, premier seigneur de la Cour-de-Broc.

Guyon de Broc, écuyer, premier seigneur de la Cour-de-Broc, de Vaas et de Lespinay, était fils du second lit de Baudouin de Broc, seigneur de Broc et de Lizardière, de la Cour-de-Broc, et de Marie Grenet, dame de Lespinay.

Il fut, dit M. le chevalier de Courcelles dans son *Histoire généalogique des pairs de France*, t. IV, page 13, auquel nous empruntons la plupart des faits relatifs à la maison de Broc, échanson du roi Louis XI, en 1461, chambellan, puis maître d'hôtel de ce prince, en 1464 et 1466, enfin capitaine du château royal de Montils-lès-Tours, en 1469 et 1473 (1). Il figure dans plusieurs actes de famille des 8 décembre 1435, 5 février 1460, 13 et 17 juin 1461, et 4 août 1481. Il avait épousé Marie de Vaux, dont il n'eut point d'enfants.

Il légua la seigneurie de la Cour-de-Broc et la plupart de ses biens à son neveu Jean de Broc, premier du nom, auteur de la branche des seigneurs

---

(1) Il fut chargé, par mandement du 11 février 1469, d'y faire installer une de ces odieuses cages, appelées *fillettes* par le roi Louis XI, pour y renfermer le cardinal La Balue, évêque d'Angers, coupable de haute trahison.

de la Ville-au-Fourrier, second fils de Pierre, seigneur de Broc et de Lizardière, et de Fouquette de Rougebec.

Les armes de la branche cadette de la maison de Broc, sont : *De sable à la bande fuselée d'argent de sept pièces.*

II.

JEAN DE BROC, premier du nom, seigneur de la Cour-de-Broc, de la Ville-au-Fourrier.

Jean de Broc, premier du nom, seigneur de la Cour-de-Broc, épousa, par contrat passé devant Montortier, notaire à Baugé, le 5 février 1460, Renée Le Brun, fille unique de Jean Le Brun, écuyer, seigneur du château de la Ville-au-Fourrier, situé en la commune de Vernoil-le-Fourrier, en Anjou, et de Louise de La Flotte, qui lui apporta en dot la seigneurie de la Ville-au-Fourrier. — Jean de Daillon, seigneur du Lude et de Fontaines, assista ce mariage comme fondé de pouvoir de Guyon de Broc, seigneur de la Cour-de-Broc, resté à Lyon à la suite du roi, et qui, par acte daté de cette ville, le 11 mai 1457, faisait donation de tous ses biens, sauf l'usufruit sa vie durante, à Jean de Broc, son neveu, qui devint seigneur de la Cour-de-Broc. Ce don fut encore ratifié les 13 mai et 17 juin 1461.

Le Brun porte : *D'argent au chevron de gueules accompagné de trois merlettes de sable.*

Jean de Broc fut nommé échanson ordinaire de Charles de France, duc de Normandie et de Guyenne, en considération des services qu'il avait rendus à la reine Marie d'Anjou, mère de ce prince. Il est aussi qualifié d'échanson ordinaire du roi Louis XI dans un acte du 8 novembre 1478 et dans plusieurs actes subséquents. Il régla un partage avec Girard de Broc, seigneur de Broc et de Lizardière, son neveu, le 4 août 1481, et fut nommé lieutenant-général de l'artillerie de France, sous M. de Genouillac, le 6 mars 1482. Le 9 juin 1491, il obtint des lettres de sauvegarde, dans lesquelles il est qualifié pensionnaire de Sa Majesté et échanson du feu roi Louis XI. Il fit son testament, le 13 décembre 1500, et fut inhumé dans l'église de Vernoil, sépulture des seigneurs de la Ville au-Fourrier, ses prédécesseurs.

Renée Le Brun, sa veuve, épousa en secondes noces Jean de Quedilhac, et laissa trois enfants de son premier mariage : un fils et deux filles.

III.

RENÉ DE BROC, seigneur de la Cour-de-Broc, de la Roche-de-Broc et de la Ville-au-Fourrier.

René de Broc, fils de Jean, premier du nom, et de Renée Le Brun, épousa, par traité passé à

Chenin, le 11 mai 1499, devant Maurice et son confrère, notaires royaux à Baugé, Perrine Bouju, fille de feu Antoine Bouju, écuyer, seigneur des Pâtis, et de Guyonne Gayet, dame de Brèche (1). — A sa mort, il laissa onze enfants, dont sept fils et quatre filles, savoir : Charles et Pierre de Broc qui partagèrent, le 11 juin 1533; Joachim et Simon de Broc, mineurs en 1533; René et Etienne de Broc, religieux bénédictins ; Jeanne de Broc, mariée, le 2 juillet 1527, à André de Meurdrac, seigneur de la Charbonnelière ; Anne et Antoinette de Broc, présentes au partage du 11 juin 1533 ; Louise, mariée en 1563, à Pierre Devin de la Fosse ; et Jean de Broc, deuxième du nom, qui continua la descendance.

Bouju porte : *d'or, à 3 aiglettes de sable.*

IV.

JEAN DE BROC, deuxième du nom, seigneur de la Cour-de-Broc et de la Ville-au-Fourrier.

Jean de Broc, deuxième du nom, fils aîné de René de Broc et de Perrine Bouju, fut exempté du ban et arrière-ban, le 9 juillet 1537, attendu qu'il était attaché au service comme homme d'armes de

---

(1) René de Broc est mentionné comme témoin, avec le curé Miller-Gillet, dans un échange de terres entre Julien de Lorière, seigneur de Mortiers, en Dissé, et Mathurin Mallier, de la paroisse de Broc (1515).

la compagnie du duc d'Orléans ; il fut archer de la garde du roi. Il épousa, le 27 septembre 1546, Jacquette d'Aliday, fille de Jean, seigneur de Chevis, en Mirabelois, et d'Anne de Brisay, et mourut le 11 février 1565, victime des guerres civiles, laissant six enfants, savoir : 1° Jean de Broc, troisième du nom, dont le chapitre suit ; 2° Charles de Broc, qui succéda à son frère aîné, Jean de Broc, troisième du nom ; 3° Jean de Broc, seigneur de la Métairie, des Hautes et Basses-Vernelles ; 4° Adrien de Broc, auteur de la branche des seigneurs de la Roche-de-Broc (voir cet article) ; 5° Jeanne de Broc, dame de Chervis, mariée, le 9 juin 1563, à Arthus, seigneur de Cintrey ; 6° Jeanne de Broc, *la Jeune,* mariée, le 16 novembre 1566, à Jean de Menon, seigneur de la Pommeraye.

Jacquette d'Aliday vivait encore en 1578.

V.

JEAN DE BROC, troisième du nom, seigneur de la Cour-de-Broc, de la Ville-au-Fourrier.

Jean de Broc, troisième du nom, fils aîné de Jean de Broc et de Jacquette d'Aliday, prit une part active aux représailles que les catholiques exerçaient contre les protestants pour les brigandages et les crimes qu'ils avaient consommés dans le pays de Vernoil et dans les environs. Il mourut sans postérité, en 1591, victime, comme son père, des fureurs de parti.

Il avait épousé, le 16 novembre 1560, Barbe d'Estrées, fille de Jean d'Estrées, seigneur de Cœuvres, vicomte de Soissons, grand-maître de l'artillerie de France, et de Catherine de Bourbon-Vendôme, et tante de la belle Gabrielle.

Barbe d'Estrées se remaria en troisièmes noces à René de Vendômois.

VI.

CHARLES DE BROC, premier du nom, seigneur de la Cour-de-Broc, de la Ville-au-Fourrier, de Vernelles, de la Bruère, de Vernoil.

Charles de Broc, premier du nom, second fils de Jean de Broc, deuxième du nom, et de Jacquette d'Aliday, fut chevalier de l'ordre du roi et l'un des cent gentilhommes de sa maison; il servit sous les seigneurs de Chavigny et de Montpensier et eut, le 13 novembre 1565, l'honneur de recevoir le roi Charles IX et Catherine de Médicis, sa mère, dans son château de la Ville-au-Fourrier. — Il se retira, le 2 juin 1592, du service de Henri IV, à cause de son âge. Il était alors malade et âgé de plus de 60 ans.

Il avait épousé, le 11 avril 1577, Charlotte de Jalesnes, fille de Claude, seigneur de Jalesnes, et de Renée de Vendômois de Champmarin dont il eut trois enfants, savoir : 1° Charles de Broc, l'aîné, dont le chapitre suit ; 2° Michel de Broc, écuyer, seigneur de Goulèvres, qui mourut sans postérité, le 9 juin 1659, et fut inhumé dans l'église du bourg de Vernoil que Victor de Broc, son neveu, avait fondée ; 3° Jacqueline de Broc, dame de Vernelles et de Chervis.

De Jalesnes porte : *d'argent, à 3 quintefeuilles de gueules percées d'or.*

VII.

CHARLES DE BROC, deuxième du nom, seigneur de la Cour-de-Broc, de la Ville-au-Fourrier, de Vernoil et de Goulèvres.

Charles de Broc, deuxième du nom, chevalier de l'ordre du roi, épousa, au château de la Bretesche, le 29 mai 1608, Anne de Savonnières, fille de Charles de Savonnières, seigneur de Meaulne, et de Hardie Tortreau de la Tortelière, qui lui apporta en dot 9,000 livres tournois et mourut en 1632.

De Savonnières porte : *de gueules, à la croix pâtée d'or.*

Charles mourut en 1671, laissant deux enfants : 1° Marie de Broc, veuve, en 1672, de Nicolas de la

Rivière, seigneur de Montaigne ; 2° Victor de Broc qui continua la descendance.

VIII.

VICTOR DE BROC, premier du nom, seigneur de la Cour-de-Broc, de la Ville-au-Fourrier.

Victor de Broc, premier du nom , fut marié à Jeanne Péan, décédée en 1705. Il mourut en 1676 et fut enterré dans l'église de Vernoil.

Les enfants sont : 1° Victor de Broc, deuxième du nom, dont le chapitre suit ; 2° Michel-Victor de Broc qui servit sous le maréchal d'Estrées et mourut sans postérité, en 1705 ; 3° Marie-Anne de Broc, dame de la Cour-de-Broc et de Saint-Hilaire, mariée, le 12 septembre 1706, à Gilles de Mailly, écuyer, seigneur de Tilloy (1). — Le 9 juin 1728, le curé Couprie de Dissé fit la bénédiction de chapelle de la Cour-de-Broc, que lesdits époux avaient érigée, sous le vocable de Saint-Jean-Baptiste.

De Péan porte : *écartelé au 1 et 4 d'or à la bande de sable, au 2 et 3 de sable à la bande d'or.*

---

(1) De Saint-Hilaire, etc., Gilles de Mailly et son épouse habitèrent le château de la Cour-de-Broc , et figurent dans plusieurs actes. Les actes de la paroisse mentionnent le baptême de plusieurs enfants.

IX.

VICTOR DE BROC, deuxième du nom, seigneur de la Cour-de-Broc, de la Ville-au-Fourrier.

Victor, deuxième du nom, fut cornette de la compagnie de la Luzerne au régiment de Souastre, cavalerie. Il épousa, le 14 février 1705, Françoise de la Barre, fille d'Olle de la Barre, seigneur de Haute-Pierre et de Brillandin, et de Françoise du Perrier dont sont issus : 1° Charles-Victor, né le 23 juin 1707, officier et commissaire extraordinaire de l'artillerie, qui fut blessé en 1744 aux siéges de Dimont et de Coni, pensionné du roi, en 1745, et chevalier de Saint-Louis. Il mourut, à Paris, sans postérité, en juin 1763 ; 2° Marie-Thérèse morte en juin 1740 ; 3° Catherine-Victoire-Françoise morte, non mariée, après l'an 1767 ; 4° Madeleine-Emilie, née le 18 novembre 1710, reçue à Saint-Cyr le 23 août 1727, morte non mariée, le 23 janvier 1767 ; 5° Alexandre-Louis-Michel dont le chapitre suit :

De la Barre porte : *écartelé au 1 et 4 d'or, à 3 fusées rangées d'azur, au 2 et 3 d'or, à la fasce d'azur.*

X.

ALEXANDRE-LOUIS-MICHEL DE BROC, marquis de Broc, seigneur de la Cour-de-Broc, de la Ville-au-Fourrier, de Vernoil, de Parçay, de Charnay, de Hautepierre, etc.

Alexandre-Louis-Michel de Broc, chevalier, marquis de Broc, est né en 1721. Il fut capitaine, puis commandant de compagnie au régiment de Limousin, infanterie, le 6 août 1744 ; aide-major du 4e bataillon le 1er mars 1762 ; chevalier de Saint-Louis ; conservateur des chasses de *Monsieur*, duc d'Anjou et comte du Maine. Il mourut, le 3 septembre 1780, ét fut inhumé dans l'église de Vernoil.

Il avait épousé, le 21 juillet 1766, Hyacinthe-Urbaine-Suzanne-Renée Hardouin de la Girouardière, fille de René-Charles-Hyacinthe Hardouin, marquis de la Girouardière, chevalier, seigneur de la Girouardière, de la Planche, de Chantenay, du Pin, de la Mauguinière, etc., et de Anne-Suzanne-Henriette-Victoire de Broc de Chemiré, fille de Charles-René de Broc et de Françoise de Maugas.

De la Girouardière porte : *d'argent à la fasce de gueules, accompagné en chef d'un lion léopardé de sable, lampassé de gueules, et en pointe de 3 quintefeuilles de sinople.*

Alexandre-Louis-Michel de Broc laissa quatre enfants, savoir : 1° Armand-Louis de Broc, baron de Broc, né le 15 février 1772, au château de la Ville-au Fourrier. Il entra comme cadet au 2e régiment de dragons le 31 mai 1788, passa sous-lieutenant le 15 octobre 1789, lieutenant le 25 avril 1792, capitaine le 23 mai 1792 et se trouva le 31 août suivant à l'affaire de Nancy. Mis une première fois, le 14 septembre 1792, hors de combat dans une affaire en Champagne, il reçut deux nouveaux coups de feu à Nerwinde. Il fut promu au grade de chef d'escadron le 1er thermidor an III (19 juillet 1795), et a fait avec distinction toutes les campagnes, de l'an IV à l'an IX, aux armées du Rhin, de la Sambre, de la Meuse, de la Moselle, en Allemagne et en Italie. Il fut nommé major du 5e régiment de dragons le 6 brumaire an XII (29 octobre 1803), chevalier de la Légion-d'Honneur le 25 prairial an XIII (26 mars 1804), puis officier le 15 juin 1804, aide de camp du prince Louis Bonaparte le 2 juin 1804 ; colonel du 15e régiment de dragons le 4 octobre 1804. Il fut blessé à Austerlitz d'un coup de feu à la main gauche ; promu commandant de la Légion-d'Honneur le 7 janvier 1806, et, le 6 juillet 1806, grand maréchal du palais de Hollande, lorsque Louis Bonaparte qu'il suivit eut été placé par son frère sur le trône de Hollande, le 24 mai 1806. Ces fonctions de grand maréchal lui conférait le grade de général de brigade qui lui fut confirmé deux ans après, le 26 février 1809, lors de sa rentrée en France. Le 1er janvier 1807, il fut créé chevalier du Mérite et prit, le 1er mars 1809, le commandement de la brigade qui devait se réunir à Ulm, fut blessé à Montebello le 2 mai et se signala à Wagram par une charge éclatante. Sur la fin de la campagne, l'empereur le nomma chevalier de la Couronne de Fer et baron de l'Empire. Il mourut de maladie, à Milan, le 11 mars 1810, sans postérité. — Il avait épousé, en 1808, Mlle Auguié Marie-Adèle (1), nièce de Mme Campan et sœur de la maréchale Ney, princesse de la Moskowa. En traversant un torrent, le 10 juin 1813, Mme de Broc mourut en tombant dans l'un des gouffres de la cascade de Grésy, située à Moiron, près d'Aix en Savoie. La reine Hortense qu'elle accompagnait à ces bains fut inconsolable de sa perte.

(*Victoires et Conquêtes*, t. XXV, p. 67. — *Moniteur*, 1813. — *Fastes de la Légion-d'Honneur*, t. IV, p. 252. — *Revue d'Anjou*, 1850, t. II, p. 53.)

2° Anne-Hyacinthe-Charlotte-Alexandrine de Broc, née le 13 juin 1767, mariée, en 1787, à Charles Le Roux de Commequiers (2);

3° Madeleine-Jeanne-Anne-Henriette-Louise de Broc, née le 20 août 1768, mariée à Jean-Baptiste-Alexandre, comte de Champagné;

---

(1) Amie d'enfance de la reine Hortense.

(2) Elle apporta en mariage les terres et seigneurie de la Godefrairie, situées sur la commune de Broc.

4° Alexandre de Broc, marquis de Broc, qui continua la descendance.

XI.

ALEXANDRE DE BROC, seigneur de la Cour-de-Broc, de la Ville-au-Fourrier, de l'Etang, de la Grillardière et de Bois-Pincé, en Savigney-sous-le-Lude.

Alexandre de Broc, marquis de Broc, né le 7 août 1770, fut enseigne en 1791 et a fait toutes les campagnes aux armées des princes français jusqu'au licenciement du corps de Condé en 1801. Louis XVIII le fit chevalier de Saint-Louis le 12 octobre 1814. — Il épousa, le 9 juin 1801, Marie-Charlotte-Anne de Savonnières, fille de Timoléon-Madelon-François, marquis de Savonnières, et de dame Marie-Marguerite-Victoire-Françoise de Nau.

Alexandre de Broc eut pour enfants : 1° Timoléon-Ernest de Broc, comte de Broc, né en 1807, mort en 1865, qui a eu de son mariage avec Anaïs de Foucaud, Marguerite de Broc, née en 1839, et mariée, en 1859, à Gaspard-Erasme-Edmond, baron de Contades.

De Contades porte : *d'or à l'aigle éployée d'azur, becquée, lampassée de gueules.*

2° Charles-Edmond de Broc, vicomte de Broc,

né le 1er janvier 1811, qui a eu de son mariage (1842) avec Angèle de Beauray : 1° Alfred comte de Broc, né en 1849 ; 2° Berthe de Broc, née en 1843 et mariée, en 1861, à Louis-Raphaël du Mesnil de Monchauveau.

3° Alexandre-Armand-Edouard de Broc, comte, puis marquis de Broc, né le 18 mars 1808, mort en 1869, qui a eu de son mariage (1830) avec Léonie de Grimaudet de Rochebouet : 1° Léonie de Broc, née en 1835 et mariée, en 1861, à Henri-Constant-Marie Jarret de la Mairie ; 2° Edgar de Broc, comte, puis marquis de Broc, né en 1831 et marié, en 1853, à Marie-Armande Louise Rogon de Caradec, dont Hervé de Broc, né en 1854, et Hermann de Broc né en 1866 ;

Alexandre, marquis de Broc, est le dernier seigneur de la famille de ce nom qui posséda la Cour-de-Broc. La tempête qui vint à la fin du siècle dernier assaillir et renverser jusque dans ses fondements l'ancienne société française, a privé les seigneurs de la Ville-au-Fourrier de cette terre depuis huit cents ans dans leur maison.

A la révolution, la Cour-de-Broc, abandonnée par ses seigneurs, fut vendue nationalement à Boucheron René, avec quelques hectares de terrain aux environs. Sa veuve revendit, en 1857, le château de la Cour-de-Broc et ses dépendances à M. le marquis de Laucry-Pronleroy, dont le père était lieutenant général des armées du roi Louis XV, dont il fit toutes les guerres et qui se distingua dans de nombreux combats, notamment à la bataille de Fontenoy, où il fut blessé.

La famille de Proupleroy, dont le marquis descend, tire son nom de la terre et seigneurie de ce nom, située en Picardie, et est une des plus anciennes maisons de chevalerie de cette province, où son existence, dès le XIe siècle, est constatée par diverses chartes.

LA SEIGNEURIE

DE

LA ROCHE-DE-BROC

La maison seigneuriale de la Roche-de-Broc était située dans le bourg de Broc, près de la chapelle Saint-Louis, et fut l'apanage d'Adrien de Broc, quatrième fils de Jean de Broc, deuxième du nom, seigneur de la Cour-de-Broc, de la Ville-au-Fourrier, etc., et de Jacquette d'Aliday.

Les seigneurs de la Roche-de-Broc, qui a dû être la demeure primitive de la maison de Broc, prirent aussi, comme leurs aînés de la Ville-au-Fourrier, le titre de seigneur de la Cour-de-Broc, à cause, sans doute, du droit de primogéniture réglé par les assises de Geoffroy-Martel.

Il reste peu de chose de cette seigneurie, dont les terres et les bâtiments vendus en détail, vers 1825, par les héritiers de M. Belin de Langotière, sont devenus la propriété de plusieurs acquéreurs. Un souterrain traversant le bourg et communiquant au prieuré de l'église donne issue dans la cave de la maison habitée actuellement par le sieur Logereau, qui se trouve être une ancienne dépendance de la demeure féodale de la Roche-de-Broc.

I.

ADRIEN DE BROC, seigneur de la Roche-de-Broc, de la Bruère, de la Goumaudière.

Adrien de Broc, quatrième fils de Jean de Broc, deuxième du nom, seigneur de la Ville-au-Fourrier, et de Jacquette d'Alidav, fut marié deux fois : 1° le 14 novembre 1575, à Françoise de Fondette, fille de Michel, sieur de la Bruère et de la Roche-Noyant, avocat au siége d'Angers, et de Perrine Grimaudet; 2° le 31 janvier 1586, à Lucrèce de Glatinay, fille d'Alexandre de Glatinay et de Jeanne de Saro.

Il eut cinq enfants de ses deux mariages :

1° Jean de Broc dont le chapitre suit;

2° Charles de Broc;

3° François de Broc;

4° Perrine de Broc, religieuse aux Loges, en 1616;

5° Jacqueline de Broc, décédée à Broc, le 22 août 1646, à l'âge de 33 ans.

II.

JEAN DE BROC, seigneur de la Roche-de-Broc, de la Cour-de-Broc, de la Goumaudière.

Jean de Broc, écuyer, seigneur de la Roche-de-

Broc, se maria, le 22 avril 1617, à Renée Prevost, veuve de Louis Le Goust, écuyer, seigneur des Sables, fille et héritière de feu Pierre Prevost, écuyer, seigneur de la Chougne, et de Françoise de Carolles.

Prevost porte : *D'argent, à 3 hures de sanglier de sable.*

Jean de Broc eut quatre enfants, savoir :

1° Charles de Broc ;

2° Jacques de Broc dont le chapitre suit :

3° Adrien de Broc, mort sans enfant ;

4° Adrienne de Broc, mariée, en 1651, à François de Chargé, écuyer.

III.

JACQUES DE BROC, seigneur de la Roche-de-Broc.

Jacques de Broc, seigneur de la Roche-de-Broc, épousa, le 3 février 1648, Renée de Courtoux, de laquelle il eut Jacques, baptisé le 19 août 1655.

De Courtoux porte : *D'argent à la fasce denchée de sable, remplie d'or, accompagnée de trois roses de gueules.*

LA SEIGNEURIE DE MEAULNE

Les terres de la seigneurie de Meaulne, situées dans la commune de Broc, faisaient autrefois partie de la paroisse de Châlonnes-sous-le-Lude, dont l'église, dédiée à saint Cyr, relevait de l'abbaye de Bourgueil, en Touraine. Le château, incendié en 1793, était situé sur un coteau qui domine à gauche la rivière de Meaulne et sur une portion de l'emplacement du château actuel.

Cette seigneurie dont les suzerains rendaient foi et hommage aux seigneurs du Lude, a été possédée successivement par plusieurs familles que nous allons passer en revue.

La maison de Meaulne, une des plus anciennes de l'Anjou, est la première qui nous donne quelques vagues renseignements sur l'époque primitive de ladite seigneurie qui a donné son nom à cette maison.

Le premier auteur connu est Guillaume de Méaulne, écuyer, seigneur de Meaulne, du Clos et de la Bouillère, signalé dans un acte du 4 août 1078.

Vers l'an 1200, le fils aîné de Guillaume de Meaulne ayant tué le comte du Lude dans un combat particulier, se réfugia en Italie pour se soustraire aux représailles de son chef hiérarchique, et la seigneurie de Meaulne passa par vente, à ce qu'on suppose, dans la maison de Rougebec. (*Dict. hérald.*, Duchesne, à Paris, 1761.)

La maison de Meaulne ne fut pas éteinte par cette émigration. La branche cadette dont les descendants possédèrent les seigneuries du Clos-Invreau, du Clos-Moureau, de la Bouillère, de la Plesserie, de Saint-Blaise, de la Girardière, de l'Espéronnière, de Coulongé, de Roessé, des Fourneaux, de la Métairie, de la Touche-de-Meigné, de Meigné-le-Vicomte, etc., s'est alliée aux maisons de la Rougée, de Tessé, de Lelièvre, de la Boissière, de Vaux, de Hertrey, de Liersay, de la Roche, de Mathefelon, de Savonnières, etc., et est citée dans tous les mémoires du temps.

De Meaulne porte : *D'argent à une bande fuselée de gueules, accompagnée de six fleurs de lys de sable posées en orle, 3 en chef, 3 en pointe.*

I.

DE ROUGEBEC.

Jouhan de Rougebec, premier du nom, seigneur de Meaulne, d'Entre-Deux-Bois, en Aubigné, etc., est le premier connu de cette maison comme ayant la seigneurie de Meaulne. On ne possède aucuns renseignements sur ses actes. On sait seulement que sa veuve, Jouhanne de la Fromentière, rendit en 1351 un aveu à Pierre d'Arcé, seigneur de Saint-Germain-d'Arcé, près le Lude, pour les terres de son fils Jehan de Rougebec. — Ce Pierre d'Arcé possédait la seigneurie de Mont-Vaillant, près de Ternant, et d'autres terres sur Broc. Ce puissant seigneur, qui avait épousé Collette de Breil en 1344, mourut en 1367. Son petit-fils. Jean d'Arcé, fils de Pierre d'Arcé et de Marie de Chelles, fut seigneur des Hayes-Rougebec, berceau de la maison des Rougebec, par son mariage avec Jeanne de Sacé, unique héritière de Pierre de Sacé, chevalier, seigneur de la Roberdière, de la Forge, etc., et de N. de Rougebec, fille unique de Pierre de Rougebec, frère de Jouhan de Rougebec.

De Sacé (1) porte : *De gueules au chevron de trois pièces d'argent.*

Jouhan de Rougebec descendait de l'ancienne famille des Hayes-Rougebec, de la paroisse de Channay (Indre-et-Loire). Il était le second fils de Pierre de Rougebec, qui vivait encore en 1250, comme l'attestent les titres de famille qui le qualifient de *vallet*, mot qui se transforma en titre d'*écuyer*, puis de *chevalier*.— Son frère aîné, Pierre

(1) Le frère de Pierre de Sacé, Girard de Sacé, était seigneur du château de Bareil, en Châlonnes, qu'il vendit à Richard, deuxième du nom, vicomte de Beaumont, chevalier, seigneur du Lude.

de Rougebec, qui hérita des Hayes-Rougebec et n'eut qu'une fille mariée en 1305 à Pierre de Sacé, obtint remise, par contrat passé en 1279 devant Rideau, notaire en la cour du roi à Reillé, des droits de rente que Hardouin Bourdouelle s'étaient réservés sur la vente des terres du Perréor, en la paroisse de Chaunay. — Ses deux sœurs, Tiphaine et Marie, furent reçues religieuses au monastère de Nyoiseau, situé commune de Nyoiseau, entre Segré et Châtelais, le vendredi après la Purification de l'année 1292. Les lettres de religion qui en furent expédiées le même jour portent ces mots considérables pour faire voir l'antiquité de cette maison : *et si contingat eos decedere antequam habuissent loca sua aut aliquem ipsarum, illos vel illam tenemur recipere quia bonæ conditionis, et de bona et nobili progenie procreatæ sunt.*

De Rougebec porte : *Fasce, ondée d'argent et de sable.*

II.

JEAN DE ROUGEBEC, deuxième du nom, seigneur de Meaulne, de la Bosse, d'Entre-Deux-Bois, etc.

Jean de Rougebec, deuxième du nom, fils de Jouhan, premier du nom, et de Jouhanne de la Fromentière, eut deux oncles dont il hérita : 1° Hemery de Rougebec, qui lui donna tous ses biens par contrat passé le mercredi après la sainte Croix de septembre, en 1314, sous condition qu'il n'aurait point d'enfants de sa femme Macée. Cet Hemery qui vivait encore en 1322, fonda deux chapelles dans l'église de l'abbaye de Bourgueil, qui furent réunies ensemble en 1391 (cartulaire). 2° Gaudin de Rougebec, de Saint-Germain-d'Arcé, qui n'eut point d'enfants. Ce seigneur était riche et puissant. Son testament en latin, fait en la cour du Lude en 1378, fait un grand nombre de legs à l'église de Sainte-Marie de Vaas, où il fut enterré, à l'abbé et au couvent du même lieu; aux abbés et aux couvents de la Clarté, qu'il nomme *Claritate Dei* et de la Boissière; aux curés de Saint-Germain, de la Chapelle-aux-Choux, de Villiers-au-Boin et de Saint-Aubin; aux hôpitaux des Ardens et de Cauda forti du Mans; aux cordeliers et jacobins du même lieu; aux cinq ordres des mendiants d'Angers; et à tous les pauvres qui assisteront à son enterrement, messe, anniversaire, et autres services solennels qu'il ordonne au lieu de sa sépulture.

Jean de Rougebec eut un procès avec l'abbé de Bourgueil, au sujet des fondations de son oncle Hemery, qui se termina par un arrangement amiable entre les parties le 22 août 1392. Dans cet accord, Jean de Rougebec promet de donner par an deux jallais de vin au prieuré de l'eglise de Châlonnes-sous-le-Lude et de servir le déjeuner au curé chaque fois qu'il irait célébrer la messe dans la chapelle du château de Meaulne.

Jean de Rougebec possédait la seigneurie de la Bosse, en Aubigné (Sarthe), où il mourut après avoir fait son testament en latin, en 1393. Il fut enterré dans l'église de Notre-Dame de Vadacio de Vaas, où son oncle Gaudin reposait. Il ordonna que ses armes seraient gravées sur son tombeau, et fit un legs à ce sujet. Il fit aussi un grand nombre de legs à toutes les églises de la ville du Mans, et voulut que deux pauvres femmes fussent nourries, vêtues et chauffées pendant leur vie en sa maison d'Entre-Deux-Bois, en Aubigné. Il choisit pour ses exécuteurs testamentaires Jean de Vendômois, Geoffroy Papin et Jean de la Porte.

Jean de Rougebec fut marié trois fois : 1° avec Catherine Pezas, fille de Robert Pezas, chevalier ; 2° à Isabelle de Vassé, parente au troisième degré de sa première femme. Pour ce second mariage, il obtint une dispense du pape Clément V, par lettres données à Avignon le 3 mars 1360 et le 8 de son pontificat. Sa Sainteté lui ordonnait dans ces lettres de faire bâtir et fonder une chapelle en la paroisse d'Aubigné où il faisait sa demeure, et de la doter de quinze livres de rente annuelle et perpétuelle. — 3° A Agnès Pelisson, qui vivait encore en 1400. De cette dernière femme, il eut deux enfants : 1° Jean de Rougebec, dont le chapitre suit ; 2° Fouquette de Rougebec, mariée en 1440 à Pierre de Broc, seigneur de Broc.

III.

JEAN DE ROUGEBEC, troisième du nom, seigneur de Meaulne, etc.

Jean de Rougebec, troisième du nom, fut marié à Jeanne Gasselin, fille de Jean Gasselin, et de la dame de Cambour, et petite fille de Marguerite de Savonnières, mariée à Hugues Pélant, seigneur de Bouzillé.

Jean de Rougebec n'eut qu'une fille de son mariage, Anne de Rougebec, mariée à Jean de Savonnières, seigneur de la Bretesche, auquel elle apporta en dot les terres et seigneuries de Meaulne et d'Entre-Deux-Bois.

IV.

JEAN DE SAVONNIÈRES, premier du nom, seigneur de Meaulne, de la Bretesche, d'Entre-Deux-Bois, etc.

Jean de Savonnières était l'aîné des cinq enfants de Jean de Savonnières, quatrième du nom, seigneur de la Bretesche et de Bréhery, et de Jeanne de Saro, dame de l'Espinay.

Jean de Savonnières descendait de l'antique maison de Savonnières, qui a donné tant de personnages célèbres à l'Anjou. Le château de Savonnières, berceau de la famille, était situé sur la Loire, un peu au-dessous des Ponts-de-Cé, entre les châteaux de Serrant et de la Possonnière et en face de celui de Rochefort.

Le premier auteur connu de cette maison est Bernard de Savonnières qui existait encore en 1136, et qui se trouve mentionné dans une charte de 1120, du temps de Pétronille de Chemillé, première abbesse de Fontevrault, et dans une autre charte du 4 juillet 1116, faite à Angers, la vigile de la fête de saint Pierre et de saint Paul.

Parmi les personnages les plus remarquables de cette famille, on distingue :

Macé de Savonnières, deuxième du nom, marié à une demoiselle de Chemillé qui lui apporta en dot la seigneurie de la Guerche.

Baudouin de Savonnières, premier du nom, marié à Marguerite de Saint-Aubin, unique héritière de sa maison, qui lui apporta en dot la seigneurie de Saint-Aubin.

Hardouin de Savonnières, dit *le Grand*, marié à Eloyse de Sansay, fille de M. de Belleuille, dont il eut un fils, Baudouin de Savonnières, marié à Philippe de Saint-Cassian, qui fut un des vaillants et généreux chevaliers de son temps, et qui fut tué à la bataille de Crécy en Ponthieu (1346), après avoir été nommé trois fois maréchal d'armée.

Marguerite de Savonnières, mariée à Macé de la Jumellière, prince d'Olivier, seigneur de la Roche aux-Aubiers, dont la fille Philippe épousa Jean de Daillon, d'où sont sortis les seigneurs comte du Lude.

Henri de Savonnières, marié à Jeanne de Bourrigan, fille de Jean de Bourrigan, seigneur du Puy, et de Jeanne des Bretesches, qui lui apporta en dot la seigneurie des Bretesches, voisine de celle de Bréhéry qu'il possédait.

Jean de Savonnières, fils du précédent, marié à Jeanne de Beaupréau, héritière de la seigneurie du Plessis-Macé.

Jean de Savonnières, troisième du nom, marié à Marguerite de Blais, fille de Robin de Blais, et d'Utesse, dame de la Coindrière, qui lui apporta en dot la seigneurie de la Cour-de-Blais, voisine de la Bretesche, et dont le fils Jean de Savonnières, quatrieme du nom, fut père de Jean de Savonnières, marié à Anne de Rougebec.

Les armes de la maison de Savonnières sont : *de gueules à la croix pâtée d'or*. Elles ont pour supports deux sauvages ayant chacun une massue en main. Leur timbre est orné de lambrequins de même blason, au cimier d'un demi-sauvage tenant en main une massue levée. « Ces armes sont d'autant plus belles et honorables, dit M.-L. Trincant, procureur du roi à Loudun, dans son *Histoire généalogique de la maison de Savonnières*, édition de 1638, à laquelle nous empruntons une partie des faits relatifs à la seigneurie de Meaulne, qu'elles portent la figure honorée de tous les fidèles chrétiens. »

La devise est prise de saint Paul quand il dit : *Absit mihi gloriari nisi in cruce Domini nostri Jesu Christi.*

Jean de Savonnières eut un procès à cause des immeubles de son épouse, Anne de Rougebec, avec Charles de la Porte et Perrette de Rochebrune, sa mère, veuve de Jean de la Porte, exécuteur testamentaire de son aïeul, qui fut jugé le 25 décembre 1450.

Jean de Savonnières hérita, avec Jean de Laval, seigneur de Brie, de la succession de Jeanne de Montigny, dame de la Chétardière, épouse de messire Jean de Breçay, chevalier bailli de Gisors. — Le partage des biens eut lieu le 18 février 1457.

Cette dame de Montigny descendait aussi de la noble maison des Hayes-Gasselin et était cousine-germaine avec les femmes des deux héritiers.

Jean de Savonnières, qui n'était héritier que pour un tiers, eut en partage les fiefs et terres du Vivier, de Linières, du Vivier-des-Landes, de la Brossonnière, de Peau de Loup, de Harouard, du Coudray, de Meigné-le-Vicomte, de la Chomeraudière, près Rillé, de la Naulerie et d'une maison à Longé.

Il eut encore un procès avec les enfants de Marie de Saint Benoist, veuve de René de Broc, fils de Pierre de Broc et de Fouquette de Rougebec, pour la succession de Jean de Rougebec, leur aïeul.

Enfin, après avoir recueilli la succession de sa tante, Marie de Savonnières, femme en secondes noces de Jean Buor, chevalier, seigneur de la Gerbaudière et de la Motte-Freslon, il mourut jeune encore, le 20 octobre 1459, et fut inhumé avec ses prédécesseurs devant l'autel de Notre-Dame, dans l'église de la Madeleine de Champtoceaux.

Il ordonne dans son testament que sa mère Jeanne de Saro qui vivait encore, soit remboursée des biens immeubles à elle que son père avait vendus, et que ses frères jouissent, comme c'est la coutume, de l'hostel et herbergement du Mesnil, situé en la châtellenie de Saint Florent.

Après sa mort, conformément au testament, sa veuve, Anne de Rougebec, fit un accord, en qualité de mère et tutrice de ses enfants, avec Jeanne de Saro, sa belle mère, le 17 février 1460. Ce contrat passé à Champtoceaux fut suivi d'un autre daté du 19 juin de la même année.

Anne de Rougebec, qui n'avait plus qu'un fils de Jean, son mari, appelé Félix de Savonnières, Jacques, l'aîné étant mort fort jeune, se remaria avec Gilles de Brie, chevalier, seigneur de Serrant et de la Roche-au-Duc, fils de Jean de Brie, chambellan du roi Charles VII et de Isabeau de Maillé, fille de Péan de Maillé, seigneur de Brezé.

Gilles de Brie descendait en ligne directe du vaillant Ancelin de Brie qui accompagna Foulques, comte d'Anjou, roi de Jérusalem, dans toutes ses généreuses entreprises, et de Jean de Brie tué au champ de Maupertuis, le lundi 19 septembre 1356, dans cette mémorable bataille de Poitiers. Les armes de la maison de Brie, une des plus nobles et des plus anciennes de l'Anjou, sont : *d'argent à 4 fasces de sable, au lion de gueules sur le tout.*

Gilles de Brie, appelé le *fléau des Anglais*, fut fait chevalier à la bataille de Fourmigny par le roi Charles VII. Il avait eu deux enfants d'Anne Giffard, sa première femme : Ponthus de Brie, chambellan du roi Louis XI, marié à Anne de Mathefelon, et Marie de Brie, mariée, le même jour que son père, à Félix de Savonnières, fils de sa belle-mère.

Anne de Rougebec survécut encore à son second mari. En 1478, elle se qualifie de dame de Meaulne, de la Chétardière et de la Troche, dans un contrat où elle donne pouvoir à son fils Félix de rendre foi et hommage pour elle des fiefs de Secouard et de l'Araudière. — Elle eut à soutenir un procès contre Jean de Laval, écuyer, seigneur de Brée, époux de Françoise Gasselin, fille et unique héritière de son oncle Jean Gasselin, chevalier, seigneur des Hayes, et de Jeanne de Ver, pour la somme de 300 réaux d'or, que Jean de Savonnières, son beau-père, avait prêtée à Jean Gasselin, en 1448. Ce procès fut jugé le 4 mars 1474. — Elle se fit associer, elle, son mari défunt, Marie de Brie et leurs enfants, aux mérites, oraisons, jeûnes, etc., des frères et sœurs de l'ordre de Saint-François de l'Observance, comme il est constaté par les lettres du frère Jean Philippi, vicaire général de l'ordre, datées de Bressuire, le 2 janvier 1474. — Elle fonda, le 4 mai 1493, une messe dans l'église des Augustins d'Angers, pour y être célébrée à perpétuité, chaque semaine de l'année, avec un anniversaire la vigile et le jour de son décès. — Grandement âgée, elle fit une donation en faveur de Félix Auger de Brie, abbé commandataire de Saint-Evroul, doyen du Mans, fils puîné de Ponthus de Brie, son beau-fils, qu'elle révoqua plus tard. — Dans son testament, elle donna à Marie de Brie, déjà veuve de son fils, la jouissance viagère de sa maison d'Angers et de tous les meubles qu'elle renferme.

Anne de Rougebec laissa une fille de son second mariage : Jeanne de Brie, mariée à Jacques le Beneux, écuyer, qui régla la succession avec son beau-frère, Félix de Savonnières, à Angers, le 27 avril 1473.

V.

FÉLIX DE SAVONNIÈRES, seigneur de Meaulne, de la Bretesche, etc.

Félix de Savonnières, fils de Jean de Savonnières et d'Anne de Rougebec, fut nourri et élevé en la maison d'Armagnac, d'où sa mère le retira pour le marier à Marie, sa belle-fille. Le contrat de mariage passé à Angers, le 7 novembre 1469, stipule que le seigneur de Serrant donnera 2,000 écus d'or comme dot à sa fille, et qu'il la nourrira avec son mari pendant huit ans, attendu leur grande jeunesse. Les témoins présents à ce contrat, sont : Antoine, abbé de Saint-Georges-sur-Loire ; Hardouin de Maillé, seigneur de Brézé ; Mathurin de Motalais, chevalier, seigneur de la Roche-Abillaus; Jean de Laval, seigneur de Brée ; Thibault d'Aubigny, seigneur de la Josselinière ; Jean de Brie, seigneur de Serrant ; François de Blois, seigneur de la Brarellière ; René de Brie, seigneur de Ville-Maison ; Guillaume de Brie, seigneur de la Mesmardière, et autres.

Félix de Savonnières se trouve le premier au rang des gentilhommes du pays des Mauges du ban et arrière-ban de la province d'Anjou, convoqués l'an 1489, et conduits par Thibaut de Beaumont, chambellan du roi, seigneur de Plessis Macé. — Il avait recueilli la succession de Jean de Savonnières, son oncle, seigneur de la Coindrière, en 1484. Deux transactions, datées de 1484 et 1485, établissent ses droits avec les co-héritiers.

Félix de Savonnières était très-pieux. Dans le contrat du 21 mars 1500, homologué le 9 mai suivant au chapitre général de l'abbaye de Marmoutier, il donne aux religieux un certain droit de dîmes, à la charge d'un service dans leur prieuré de Champtoceaux. — Dans son testament du 2 novembre de la même année, il recommande à ses exécuteurs testamentaires de laisser le moins possible d'hommes mondains assister à ses funérailles. — Il donne à Raouline et Hameline, demoiselles servantes en sa maison d'Angers, à chacune le drap d'une robe. Dans le désir de conserver intacts ses biens à sa famille, il donne dans ce même testament à Claude, son fils puîné, la jouissance pendant sa vie de l'hôtel du Mesnil, à condition qu'il ne se marierait point. — Les exécuteurs de son testament furent les sieurs de Saint-Léger et d'Espiné, et les témoins, Anne de Mathefelon, dame de Serrant, Mathurine de Brie, Jean de Craon, etc.

Marie de Brie vécut encore longtemps après son mari. Elle fit une aumône de 40 sols de rente aux religieux Augustins d'Angers, dont ils donnèrent une reconnaissance, le 21 février 1517. Dans son testament du 5 avril 1535, elle demande d'être enterrée dans l'église de la Baumette, près d'Angers, en ordonnant néanmoins que si elle mourait près d'Ancenis, elle soit inhumée dans l'église des Cordeliers dudit lieu, ou au plus prochain couvent du même ordre ; elle défendit à son fils, exécuteur de son testament, de porter aucune armoirie à ses obsèques. Elle mourut en sa maison d'Angers et fut inhumée dans l'église des Cordeliers de la Baumette.

Les enfants de Félix de Savonnières et de Marie de Brie, sont :

« 1° Jean de Savonnières, deuxième du nom,
» seigneur de Meaulne, dont le chapitre suit.

» 2° Claude de Savonnières, seigneur de la Gail-
» lardière, qui ne fut point marié.

» 3° Charles de Savonnières, abbé de Cadouin,
» seigneur de Guignerolle, qui mourut à Raiz, le
» 21 septembre 1559.

» 4° Catherine de Savonnières, mariée, à Angers,
» en 1489, à Ambroise le Cornu, écuyer, seigneur
» de la Chevalerie, fils aîné d'Ambroise le Cornu,
» seigneur de la Courbe et de Launay, et de feue
» Marie de Saint-Benoist, dont Hugues le Cornu,
» évêque de Saintes, mort en 1617, et Claude le
» Cornu, qui vendit avec le consentement de
» Mlle de Brillac, fille de Jean Bonnet et de Jeanne
» de Savonnières (1), à Jeanne de Savonnières,
» deuxième du nom, seigneur de Meaulne, sa part
» dans la succession de sa tante Jeanne de Savon-
» nières. Le Cornu porte : *au massacre de gueules*
» *à l'aigle déployé de sable en chef.*

» 5° Jeanne de Savonnières, mariée, à Angers,
» le 29 janvier 1491, à Jean-Henri Bonnet, écuyer,
» sieur de Brillac, de l'ancienne maison des Bon-
» net qui avaient engagé la terre de Voussailles
» aux religieux de l'abbaye de Bourgueil, pour la
» somme de soixante-dix-neuf sols, pour faire le
» voyage de Jérusalem. De ce mariage *issit* une
» fille qui mourut sans être mariée. De Bonnet
» porte : *de sable à 3 besants d'or.*

» 6° Gillette de Savonnières, mariée par contrat
» passé devant Gerbe, notaire à Angers, en 1498, à
» René du Pont, écuyer, seigneur de Villours en

(1) Par contrat passé à la Cour de Meaulne, le 7 avril 1532.

» Berri. Après la mort de son mari, elle prit le titre » de dame de Châteaufort et de Ray, comme il est » constaté dans une quittance, datée du 6 sep- » tembre 1545, qu'elle reçut de son frère, le sei- » gneur de Meaulne, pour la remise d'une cassette » qu'elle avait en garde sans qu'elle sut ce qui y » était renfermé. Son fils, François du Pont, sei- » gneur de Villoux, se trouve le premier enrôlé » dans une *monstre* qui se fit à Tours, par le com- » mandement de Monsieur le prince Dauphin, le » 10 avril 1568, dans la compagnie de gens d'armes » du comte de Vertus, baron d'Avaugour, où était » lieutenant Jean de Savonnières, troisième du nom.

» Du Pont porte : d'argent, semé de fleurs de lys » d'azur, au lion de même, armé, lampassé et cou- » ronné d'or brochant sur le tout.

» 7° Jeanne de Savonnières, religieuse au couvent » de Saint-François de Cholet. Son père lui fit une » pension viagère de vingt-cinq livres que sa mère » augmenta la même année de trois septiers de » seigle, quinze livres de rente et d'une pipe de vin » clairet. (Acte fait à Angers, le 18 janvier 1501.)

» 8° Marguerite de Savonnières, religieuse au » couvent de Regrepierre, de l'ordre de Fontevrault. » On a des quittances de sa pension jusqu'à l'an » 1524.

» 9° Françoise de Savonnières. On n'a d'elle » qu'une quittance du 24 juin 1510, délivrée à son » frère le seigneur de Meaulne pour la somme de » huit livres et le porte quitte du passé. »

VI.

JEAN DE SAVONNIÈRES, deuxième du nom, seigneur de Meaulne, de la Bretesche.

Jean de Savonnières, deuxième du nom, fut élevé, comme son père, dans la maison d'Armagnac, au service de laquelle il resta toute sa vie. Il existait au trésor de Meaulne un passeport de l'an 1500, scellé des armes de Félix de Savonnières, pour faire passer par eau six pipes de vin blanc qu'il envoyait pour la pension de son fils Jean, à Louis d'Armagnac, comte de Guise, qui devint duc de Nemours, par la mort de son frère aîné.

Jean de Savonnières assista, le 18 janvier 1530, au mariage de Philippe de Chambes, baron de Montsoreau, et d'Anne de Laval, fille de Gilles de Laval, seigneur de Loué. — Bien qu'il fut patron de la chapelle Saint-Julien de l'église de Champtoceaux, sa paroisse, il en fit construire une autre de concert avec son épouse, dans la même église, qu'ils promirent d'entretenir par lettres de 1536. — Le 21 mai 1537, il assista au mariage de Jean le Cornu, chevalier, seigneur du Plessis-le-Cornu et de Marie Picard. — Le 12 décembre 1544, il fit son testament et ordonna qu'il serait enterré dans la chapelle qu'il avait fait bâtir, s'il mourait en sa maison des Bretesches, ou dans l'église des Augustins, s'il mourait à Angers, et, si c'était au château de Meaulne, où il plairait à sa femme. Il commanda en outre que ses robes de soie fussent employées à faire des ornements d'église, et qu'on augmenterait le revenu de sa chapelle de Meaulne qu'il avait fait bâtir.

Jean de Savonnières fut marié deux fois : 1° A Jeanne de Saint-Père, fille de Jean de Saint-Père, seigneur dudit lieu, de Clinchamp, de Courtangis, de Vauvineux, et de Béatrix de Montfaucon.

La maison de Saint-Père, originaire du Mans, était fort renommée. Bertrand de Saint-Père fut un des plus vaillants chevaliers de son temps et l'inséparable compagnon de Duguesclin. En 1350, on les voit ensemble, en Angleterre, s'armer, rompre et joûter à trois rangs, dans une revue restée célèbre; en 1362, Bertrand de Saint-Père jure foi et hommage au roi de France. Son fils Robert épousa Perrenelle de Chourses, d'où Péan de Saint-Père marié à Alix de Fresnay, grands parents de Jean, père de Jeanne. De Saint-Père porte : *d'or à trois coqs dragonnés de sable et crêtés de gueules.*

Jeanne de Saint-Père mourut sans enfants au château de la Bretesche le 1er juin 1512, après dix-huit mois de mariage. Les meubles de la communauté furent partagés entre le seigneur de Meaulne et Marie de Montfaucon, le 19 août 1513.

2° Le 9 mars 1514, à Olive de Mathefelon, fille de Pierre de Mathefelon, chevalier, seigneur de Lancheneil, de Clermont, de Laumont, de l'Encluse, de Loiron, etc., et de Catherine de Chourses, de

Malicorne, qui apporta en dot les seigneuries de Vallan et de Vergeau.

Les seigneurs de Mathefelon auxquels Jean s'allia étaient très-illustres et descendaient de Thibaut de Mathefelon, seigneur de Mathefelon et de Durtal, chevalier, conseiller du roi Philippe de Valois, qui épousa Béatrix de Dreux, princesse du sang royal. De Mathefelon porte : *de gueule à six écussons d'or.*

Après la mort de son mari, Olive de Mathefelon eut un procès pour la succession de François de Brie, son neveu, écuyer, sieur de Vallon, de Louvrinière, de Clermont et du Breuil, marié à Jeanne du Rainier, contre Charles du Rainier et Gabriel de Razilly. — Elle en eut encore un autre contre René de Brie, mari de sa sœur Françoise, seigneur de la Sorinière, et Renée Auvée, mariée à Jean de Chourses, seigneur de Malicorne.

Olive de Mathefelon mourut à Meaulne le 11 septembre 1565 et fut enterrée le lendemain devant l'autel Notre-Dame de l'église de Chalonnes-sous-le-Lude, laissant dix enfants :

« 1° Jean de Savonnières, troisième du nom, » seigneur de Meaulne, dont le chapitre suit.

» 2° Antoine de Savonnières, seigneur et baron » de la Troche, dans le Maine, de Saint-Germain et » des Haies Rougebec, né le 21 juillet 1521, qui fit » les guerres d'Italie avec son frère Jean et fut » nommé chevalier de l'ordre de Saint-Michel par » lettres du roi, datées de Gaillon le 4 juillet 1570,

» et en reçut le collier des mains du seigneur de » Malicorne, le 2 août de la même année. Antoine » fut marié à Charlotte de Saint-Germain-d'Arcé, » fille et unique héritière de Jean, seigneur de » Saint-Germain-d'Arcé et de Madeleine de Rivode, » qui lui apporta en dot la seigneurie de ce nom » avec les armes de sa maison, qui étaient de » gueule à trois fleurs de lys d'or, et lui donna » quinze enfants, savoir : 1° Charles qui naquit en » 1562, au moment des plus grandes guerres civiles, » fut mis jeune au service du duc d'Anjou, frère du » roi, et y resta jusqu'à sa mort. Il fut ami intime » d'Henri III et lui servait de messager pour ses » affaires les plus secrètes. Une lettre du 21 juillet » 1585, de la princesse de Conty, l'invite à venir la » trouver à Paris pour affaire d'Etat. Il fut guidon » dans la compagnie du seigneur de Rochepot sous » Henri III et dans la compagnie du prince de Conty, » puis enseigne le 23 février 1589, sous le comte du » Lude, François de Daillon ; le 12 mars suivant, il » défendit l'abbaye de Mehuois. Le 1er août, après » la mort d'Henri III (1589), il rejoignit Henri IV, » et eut l'honneur de la journée d'Arques. Il fut un » des sept qui accompagnèrent, ce dit jour, le re- » tour d'Henri IV à travers l'armée ennemie, dans » une charge mémorable qu'il fit en personne à » cette bataille. Il alla ensuite, après la honteuse » retraite du duc de Mayenne, établir garnison au » château de la Guerche, pour le défendre ; il se » trouva aux siéges et aux prises de Baupréau, du

» château de Lavardin, de Chemillé et autres
» places ; il suivit toujours le prince de Conty, qui
» lui portait une affection particulière et lui com-
» muniquait ses plus secrets desseins. En 1594, il
» était au sacre du roi à Chartres et l'accompagna
» dans tous ses voyages. Le roi lui écrivit du camp
» de la Fère, le 25 novembre 1595, et le nomma
» gentilhomme de sa chambre. Il mourut le 12 fé-
» vrier 1606, âgé de quarante-trois ans et fut inhumé
» dans l'église de Saint-Germain-d'Arcé. Il avait
» été marié à Gabrielle le Gay, fille de François le
» Gay, seigneur de la Faultrière, de Plessy-Renou,
» du Bois, de Marquise, des Arpenties, vicomte de
» Sorge. Le Gay Faultrière porte d'argent à trois
» quintefeuilles de gueule au point d'or. — 2° Jean
» de Savonnières, qui fut appelé la *Troche*, et qui
» fit ses armes dans le régiment de Villeluisant, où
» il fut enseigne, puis lieutenant, puis capitaine,
» ensuite premier capitaine du régiment de Lestel,
» puis maître de camp. Au siége de Rouen, Henri IV
» lui donna le commandement du régiment. Il fut
» blessé à la main et à la cuisse de deux coups de
» feu, au siége de la Ganache ; il portait un grand
» nombre de cicatrices, car il fut blessé dans tous
» les combats ; ses blessures lui avaient déformé les
» jambes, et le roi l'appelait *Crochu*. Il se signala
» au siége du Mans en 1589. Dans cette affaire, le
» maréchal de Biron dit au roi que c'était Jean de
» Savonnières qui avait le mieux fait. Le roi lui
» pardonna la mort du seigneur de Béthune, maître

» de camp, qu'il tua en duel à Saint-Denis, où il
» était en garnison, sous le commandement du sei-
» gneur de Lavardin. Il blessa le comte de Brissac,
» commandant de la ville de Poitiers, dans une
» sortie. A ce siége, outre son régiment, il condui-
» sait encore deux cents arquebusiers à cheval. En
» 1597, il défit Jean d'Avaugour, seigneur de Saint-
» Laurent, lieutenant du duc de Mercœur, au
» combat de Messac, en Bretagne, lui tua cent cin-
» quante hommes et fit prisonnier le seigneur de
» Trémereuc. Il fut marié à Jacqueline de Menon,
» fille aînée de la maison de Turbilly en Anjou, et
» mourut le 23 novembre 1612, âgé de quarante-
» huit ans. Il fut inhumé à Channay. De Menon
» porte : d'or au chardon de sinople fleuri de
» gueule au croissant d'azur en pointe. — 3° Ma-
» thurin de Savonnières, seigneur de la Gaillar-
» dière, capitaine, qui fut tué au siége de Castillon
» assiégé par le duc de Mayenne en 1586. — 4° Louis
» de Savonnières, seigneur de Vallan, qui fut très-
» courageux. Il suivit le parti de la ligue, com-
» manda une compagnie sous les ordres de Saint-
» Paul, en Champagne, et fut tué en 1590, à l'âge de
» vingt-quatre ans. — 5° Antoine de Savonnières,
» seigneur de Vallan, capitaine des arquebusiers à
» cheval aux siéges d'Etampes et de Paris sous les
» ordres de Pierre de Bellay, baron de Thouarcé,
» puis lieutenant d'une compagnie de gens d'armes.
» Il assista aux siéges de Rouen et de Laon et à la
» défaite du connétable de Castille en Franche-

» Comté. Il épousa Anne de la Trémouille, fille
» unique du seigneur de Bresche et veuve de Fran-
» çois de Menon, seigneur de Turbilly, dont il n'eut
» point d'enfants. De la Trémouille porte : d'or au
» chevron de gueule à trois aigles d'azur. —
» 6° Louis de Savonnières, le jeune, qui eut une
» compagnie au régiment de son frère Jean de la
» Troche. A vingt ans, il fut blessé près de Laval,
» et au siége du Plessis-Bertrand, où fut tué le sei-
» gneur de la Tremblaye ; il reçut encore des bles-
» sures qui le rendirent boîteux. Il ne fut point
» marié. — 7° Antoine de Savonnières, le jeune,
» seigneur de la Gaillardière, de la Maison-Rouge,
» située commune de la Bruère, canton du Lude,
» qui fut tué en 1596 à la prise de Château-Brillant.
» Il fut marié à Julienne de Dampierre, fille et
» unique héritière de Louis de Dampierre, seigneur
» de Brûlon en Maine, et d'Anne de Lourné.
» On voit la tombe de son fils Charles dans le
» cimetière de la Bruère ; elle est en ardoise et en
« forme de table soutenue par quatre pieds. Son
» épitaphe célèbre sa naissance, son mérite, l'élé-
» vation de son caractère, la noblesse de ses senti-
» ments, la pureté de ses mœurs, sa douleur, etc. ;
» il mourut le 7 octobre 1739. — 8° Jacques de
» Savonnières, qui fut religieux à l'abbaye de Bour-
» gueil et se tua par accident. — 9° René de Savon-
» nières, qui fut religieux et mourut prieur de
» l'abbaye de Saint-Aubin d'Angers. — 10° César
» de Savonnières, qui fut religieux et aumônier de

» la Trinité de Vendôme. — 11° Olive de Savon-
» nières, mariée le 22 août 1571 à Jean de Meaulne,
» écuyer, seigneur de la Touche de Meigné-le-
» Vicomte, fils aîné de Joachim de Meaulne et de
» Marie de la Roche. — 12° Françoise de Savon-
» nières, mariée à Jean de Petit-Jean, seigneur de
» Linières-Bouton, maréchal des gens d'armes du
» seigneur de Puy-Gaillard. De Petit-Jean porte :
» d'argent au bourdon d'azur. — 13° Antoinette de
» Savonnières, mariée à Jacques de Maubert, écuyer,
» seigneur de la Touche du Lignon, gentilhomme
» des rois Henri III et Henri IV. — 14° Marie de
» Savonnières, mariée à René d'Espagne, écuyer,
» seigneur de la Grande-Maison, commune de
» Chalonnes, maréchal des logis de la compagnie
» des gens d'armes du marquis de Vilaines. — 15°
» Renée de Savonnières, mort jeune.

» 3° Charles de Savonnières, né le 2 mars 1529,
» qui eut pour parrain Noël du Mesnil et l'Efflue,
» abbé de la Boissière, seigneur de la Chambon-
» nière. Il fut seigneur de Linières et de la Saul-
» nerie, au Maine, et marié à Madeleine de Beau-
» veau, sœur-germaine de Guyonne de Beauveau,
» femme de son frère aîné. Il fut tué dans une ren-
» contre, près de Durtal, le 6 décembre 1562, et
» laissa deux enfants qui eurent en partage (7
» juin 1567) de la succession de leur grand-père Jean
» de Savonnières, la terre et seigneurie de Breuil.
» De ces deux enfants, Catherine de Savonnières
» fut religieuse et abbesse de Cordillon, en Nor-

5.

» mandie, après la mort de sa tante Jeanne, et
» Mathurin de Savonnières, qui fut instruit et élevé
» à la cour de Henri IV, se maria à Paris avec
» Elisabeth Ligier, fille du seigneur de Graille en
» Normandie, conseiller et secrétaire du roi, inten-
» dant de la maison de monseigneur le cardinal de
» Bourbon. Cette dame de Linières décéda en
» couche à la Saulnerie; son mari en eut tant d'af-
» fliction qu'il mourut quatre jours après. Ils sont
» enterrés dans l'église de Parcé, leur paroisse.
» De Ligier porte : d'azur à la fasce d'or frétée de
» gueules au lobel d'argent de trois pièces à l'étoile
» d'or en pointe.

» 4° Mathurin de Savonnières, qui fut abbé
» d'Eaulnes, près de Toulouse, après la mort du
» frère François d'Autemont, syndic honoraire des
» trois comtés de Comminges, d'Astrac et de Bigorre,
» est nommé, le 7 des ides de mars 1582, évêque de
» Bayeux, en remplacement de Bertrand de Saint-
» François, décédé. C'est à propos de cette nomi-
» nation qu'il reçut, datée de Cornette, en Italie,
» une lettre très-flatteuse de monseigneur le car-
» dinal de Rambouillet, qui le félicite de cette pro-
» motion et lui offre ses services. Il mourut le
» 11 mai 1586 et eut pour successeur René de
» Daillon, de la maison du Lude.

» 5° Jacques de Savonnières, né le 15 septem-
» bre 1523, qui fut protonotaire du Saint-Siége, abbé
» de Cadouin, archidiacre d'Ulmes, en l'église ca-
» thédrale de Toulouse, abbé de Notre-Dame de

» Melleray, de l'ordre de Citeaux, près de Nantes.
» Ce fut le pape Paul IV qui le promut à cette di-
» gnité le huitième jour des calendes de mai 1556.
» Il est mort en 1559.

» 6° Jeanne de Savonnières, née le 2 avril 1518,
» qui fut religieuse, puis abbesse de Cordillon, en
» Normandie. Elle fut remplacée dans cette dignité
» par sa nièce.

» 7° Louise de Savonnières, née le 11 janvier
» 1531, qui fut religieuse en l'abbaye du Pré, au
» Mans.

» 8° Jacques de Savonnières, né le 4 janvier 1532,
» qui mourut jeune.

» 9° Marie de Savonnières, née le 27 septembre
» 1534, qui fut tenue sur les fonts baptismaux par
» Charles de Couesmes, seigneur de Lucé et Anne
» de Basternay, dame d'Illiers; elle mourut jeune.

» 10° Jeanne de Savonnières, née le 6 juin 1520,
» qui fut mariée, le 1er août 1540, à Geoffroy d'Es-
» pagne, seigneur dudit lieu, d'Aunay et de Venne-
» velles, fils de David de la Brosse et d'Antoinette
» de Dureil, et en présence de Jean de Dureil, sei-
» gneur de Dureil et de la Barbée, son oncle, de
» Julian de Broc, seigneur de Broc et de Lizardière,
» son cousin, de Pierre de Launay, de Pierre de
» Montplacé, ses beaux frères, etc.; elle n'eut qu'un
» fils qui mourut à l'âge de 13 ans. Geoffroy d'Es-
» pagne descendait de ce fameux Bertrand d'Es-
» pagne, qui était en 1452 au siége de Bayonne avec
» son frère Roger, et qui fut choisi en 1444 avec le

» seigneur de Loué-Laval, par le duc d'Anjou, roi » de Sicile et de Jérusalem, pour déterminer le » douaire de son épouse Jeanne de Laval. D'Espagne » porte : d'azur à un peigne d'argent posé en fasce » à trois étoiles d'or, deux en chef, une en pointe.

VII.

JEAN DE SAVONNIÈRES, troisième du nom, seigneur de Meaulne, de la Bretesche.

Jean de Savonnières naquit le 27 mai 1516 et fut envoyé très-jeune dans la guerre du Piémont avec le seigneur de la Roche du Maine, qui le nomma lieutenant de sa compagnie de gens d'armes. C'était un grand témoignage de faveur, car ce grand capitaine qui, sous les rois François Ier, Henri II, François II et Charles IX, a servi si fidèlement et si généreusement ces souverains, que l'histoire l'a placé au rang des hommes illustres de son siècle, n'admettait dans sa compagnie que des gens d'élite. Il fut aussi lieutenant du comte de Vertus, baron d'Avaugour, et assista à Tours à la revue du prince Dauphin en 1568.

Jean de Savonnières fut chevalier de l'ordre, gentilhomme de la chambre, et marié à Durtal, le 2 août 1249, à Guyonne de Beauveau, fille aînée de René de Beauveau, seigneur de Pimpan, de Vandœuvre, du Grand et du Petit-Vauvers, de Foulletourte, et d'Olive le Masson, qui apporta à son mari la seigneurie du Petit Auvers, près de Malicorne, et deux cents livres de rente. Les témoins du mariage sont : René du Mas, baron de Durtal, Robert de Bauvais, seigneur des Loges, Pierre de Saint-Berthenin, seigneur de Corbusain, Pierre de Garguesalle, seigneur du Petit-Linières, en Châlonnes-sous-le-Lude, Jean de la Courbe et Geoffroy d'Espagne.

La famille de Beauveau, dont descendait Guyonne, a été alliée à toutes les grandes maisons du pays et fut la tige des Bourbons par le mariage d'Elisabeth de Beauveau, fille unique de Louis, seigneur de Beauveau, de Champigny et de la Roche-sur-Yon, premier chambellan du roi de Sicile, grand sénéchal d'Anjou et de Provence, et de Marguerite de Chamblay, avec Jean de Bourbon, comte de Vendôme, d'où sortit François de Bourbon, marié à Marie de Luxembourg, dont le fils Charles, marié à Françoise d'Alençon, donna naissance à Antoine de Bourbon, père de Henri IV. De Beauveau-Pimpan porte : *d'argent à quatre lionceaux de gueule, couronnés, lampa sés et armés d'or, à l'étoile d'azur en cœur.*

Jean de Savonnières fut assassiné par ses ennemis en allant à Paris. Il laissa quatre enfants, savoir :

« 1º Charles de Savonnières, seigneur de » Meaulne, dont le chapitre suit.

» 2° René de Savonnières, qui mourut sans être » marié.

» 3° Jacqueline de Savonnières, fille d'honneur » de Catherine de Médicis, mariée à Renée de » Brillac, veuf de Jeanne d'Escoublar, chevalier de » l'ordre, gentilhomme de la chambre, seigneur » d'Argy, en Berri, et de Mons, en Loudunois, décédé » en 1584. Jacqueline est décédée à Paris sans » enfants, et fit don d'une partie de ses biens.

» 4° Louise de Savonnières, fille d'honneur de » Catherine de Médicis, mariée au château de Saint- » Maur, le 8 juillet 1584, à René de Villequiers, » chevalier, gouverneur de Paris et de l'Ile de » France, baron de Clairvaux, favori d'Henri III, » décédé en 1590 laissant un fils qui ne vécut que » dix-neuf ans. Louise de Savonnières se remaria, » le 31 mars 1594, à Martin du Bellay, prince » d'Ivetot, baron de Commequiers. Elle mourut » quinze ans après Henri IV, âgée de 62 ans, le 20 dé- » cembre 1625, au château de Gizeux, et fut inhumée » dans l'église paroissiale du lieu. De ce dernier » mariage elle laissa un fils, Charles, qui fut sei- » gneur de Bellay, prince d'Ivetot, marquis de » Thouarcé, et marié à Claude-Hélène de Rieux, » d'une des plus illustres maisons de Bretagne.

VIII.

CHARLES DE SAVONNIÈRES, seigneur de Meaulne, de la Bretesche, de Lencheneil, de la Curée, de la Captière, de la Lande, d'Entre-Deux-Bois, de la Tortelière, de Lorillonnière.

Charles de Savonnières obtint, après la mort de son père, une dispense d'âge, pour gérer l'administration de ses biens sous la tutelle de Mathurin de Savonnières, abbé d'Eaulnes, son oncle, et Jean de Gennes, seigneur de Launay et de Gennes.

Il fit ses premières armes en Poitou, dans les guerres pour la religion, puis en celles de la Ligue pour le roi ; il fut guidon de la compagnie des gens d'armes du prince de Conty. Le 2 janvier 1584, il épousa Hardie Tortreau, fille de Louis, chevalier, seigneur de la Tortelière, et d'Anne Hérué. Ce fut son oncle Mathurin de Savonnières, évêque de Bayeux, qui fit la cérémonie nuptiale dans la chapelle de la Pilotière, paroisse de la Vieille-Vigne, en Poitou. Les futurs époux étant mineurs, on nomma pour subrogé-tuteur Guillaume de Brie, chevalier, seigneur de la Roche-Serrant, la mère ayant conservé ses droits de tutrice. Les témoins présents au mariage sont : 1o pour Charles, l'évêque de Bayeux, son oncle ; Odet de Bretagne, comte de Vertus, baron de Bretagne, seigneur d'Avaugour et

Renée de Couesnon, son épouse, vicomtesse de Saint-Nazaire ; François de Bretagne, comte de Goelo ; Charles de Savonnières, seigneur de la Troche ; Charles de Brie, seigneur de la Roche-Serrant ; René de Brie, seigneur de la Sorinière et de Felles ; Charles du Rainier, écuyer, seigneur de Segrie, Mont-Clermont et de Chezelles ; Jean de Château-Briand, chevalier, seigneur de Boesse ; René de Freing et son épouse Renée de Samson ; Jean de Chourses, seigneur de Malicorne, et Françoise de Daillon, son épouse ; Philippe de Château-Briand, seigneur des Roches. 2° Pour Hardie Tortreau, Anné Hérué, sa mère ; Marin Cherbonneau, seigneur de l'Echasserie, de la Poustière et de Haut-Bois, et son épouse Jeanne Tortreau, sœur aînée de la mariée ; Antoine de Chantesain, seigneur de la Brumière, oncle paternel ; François des Rortais, seigneur de la Durbelière, veuf d'Antoinette Tortreau, sœur de Hardie ; Jean des Rouziers, écuyer, oncle maternel ; Gabriel de Caille-Haut, seigneur de la Chevrotière ; Julien et François de Heimery, seigneurs dudit lieu, cousins ; Jacques de la Rivière, seigneur de la Morelière, oncle maternel ; Tristan Goulard, seigneur de Geffardière ; Claude de Rorteau, sieur de la Crétinière, et René Viau, seigneur de Lestorière.

Hardie Tortreau apporta à la maison de Savonnières la terre et seigneurie de la Tortelière, en Poitou, qui fut échangée avec le sieur de Montfernier pour celle de Lorillonnière.

Le père de Hardie Tortreau descendait de Pierre, seigneur de la Tortelière, au diocèse de Luçon, et de Louise Beuf-Mont. Il fut un des seigneurs qui se porta le plus courageusement aux premières guerres de religion en Poitou, sous les ordres du comte du Lude, gouverneur de la province. Charles IX le fit chevalier de l'ordre Saint-Michel, le 21 avril 1570. De Tortreau porte : *de gueule à trois tourtres d'or.*

Charles de Savonnières fit beaucoup de fondations à l'église paroissiale de Champtoceaux, et le 17 septembre 1602, pour éviter les querelles, il rendit une ordonnance qui défendait aux curés de nommer les gentilshommes dans leur prône.

Il épousa en secondes noces, le 10 août 1597, Jeanne de Bréhant, fille aînée d'Alain, seigneur de la Roche de Bréhant, près de Lamballe, en Bretagne, et de Françoise du Châtellier. La tante de sa femme, Michelle des Seize-Maisons, de l'ancienne maison Eder de Bretagne, douairière de Lezeu, assista à ce mariage. De Bréhant porte ; *de gueule au léopard d'argent, couronné, lampassé et armé d'or.*

Charles de Savonnières laissa treize enfants, savoir :

DU PREMIER LIT.

« 1° François de Savonnières, seigneur de
» Meaulne, dont le chapitre suit.

» 2° Louis de Savonnières, qui embrassa la pro-
» fession ecclésiastique.

» 3° Charles de Savonnières, qui mourut d'une » blessure à dix-huit ans.

» 4° René de Savonnières, chevalier de Saint-» Jean de Jérusalem, reçu au chapitre de Poitiers » le 10 mai 1610.

» 5° Anne de Savonnières, mariée à Charles de » Broc, seigneur de la cour de Broc et de la Ville-» au-Fourrier.

DU SECOND LIT.

» 1° Damian de Savonnières, chevalier de Saint-» Jean de Jérusalem, reçu au chapitre de Poitiers » le même jour que son frère.

» 2° Philippe de Savonnières, mort en Picardie, » au régiment des gardes.

» 3° Roch de Savonnières, seigneur d'Entre-» Deux-Bois, marié à Urbane de Chivray, fille de » Simon de Chivray, seigneur de Varannes. — Roch » possédait la seigneurie de la cour d'Enet, très-» beau fief de la commune de Vaas, avec un superbe » château situé sur la rive gauche du Loir, et » les droits de haute justice, de pêche, de fuie, de » prévôté et de garenne. Il bâtit une chapelle dans » son château et y établit un chapitre sous le nom » de Saint-Roch, qui était à la présentation dudit » seigneur. De Chivray porte : d'argent au lion de » sable.

» 4° Christofle de Savonnières, qui mourut au » siége de Casal.

» 5° Guillaume de Savonnières, seigneur d'Auvers,

» marié à Françoise de Villarmois, fille du seigneur » du Chastel, en Bretagne. De Villarmois porte : » d'argent au lion de gueule à cinq tourtreaux de » sable, un sur la tête et un sous chacune des pattes » du lion.

» 6° Charles de Savonnières, mort jeune.

» 7° François de Savonnières, tué au siége de » Casal.

» 8° Louise de Savonnières, religieuse au cou- » vent des Carmélites de Couets, près de Nantes.

IX.

FRANÇOIS DE SAVONNIÈRES, seigneur de Meaulne, de la Bretesche, de Lorillonnière, de Morcheron en Raiz.

François de Savonnières fut très-bien élevé et très-instruit. Il voyagea en Italie, conduisit ses frères à Malte, où il reçut de grands honneurs du grand-maître de l'ordre. Il fut lieutenant d'une compagnie du seigneur de Bellay et fit les guerres du temps. Le roi, au retour de son voyage en Guyenne pour son mariage, voulut qu'il le suivit avec sa compagnie, la plus belle du royaume, jusqu'à Châtellerault. Il fut aussi chevalier des deux ordres du roi (16 février 1620).

Le 1er octobre 1623, il épousa Magdeleine de

Montecler, âgée de dix-huit ans, fille d'Urbain de Montecler, chevalier, marquis de Montecler, baron de Charné, conseiller du roi, capitaine de cinquante hommes d'armes d'ordonnance, et de Marie de Frouslay, fille d'André de Frouslay, chevalier, seigneur de Pally, de Montchevrier et de Le Fouilloux. De Montecler porte : *de gueule au lion d'or, courronné, lampassé et armé de même.*

François de Savonnières mourut le 5 mai 1639, laissant huit enfants, savoir :

« 1º Martin de Savonnières, seigneur de Meaulne, » dont le chapitre suit.

» 2º Gabriel de Savonnières.

» 3º Charles de Savonnières.

» 4º Félix de Savonnières, marié, le 6 février 1663, » à Françoise des Loges, née à Broc, le 13 mars 1646, » fille de feu Henri-Jacques des Loges, chevalier, » seigneur des Loges, fondateur de l'église des » Loges, et de Catherine de Broc. — Félix eut deux » enfants de son mariage : 1º Louis-Joseph, capi- » taine d'infanterie, chevalier, décédé à l'âge de » quatre-vingt-cinq ans et inhumé dans l'église de » Broc, le 4 novembre 1755 ; 2º Jean, capitaine de » cavalerie, mestre de camp général du roi, cheva- » lier de Saint-Louis, décédé à Broc, le 28 jan- » vier 1759.

» 5º Armand-Louis de Savonnières, tenu sur les » fonts du baptême par Louis de Montcler, cheva- » lier de Saint-Jean de Jérusalem, colonel du régi- » ment de la marine, et Marie-Magdeleine du

» Chesne, épouse de Michel de Broc, baron de » Chemiré.

» 6° Louise de Savonnières, baptisée à Broc le » 15 décembre 1637, et mariée le 14 mai 1653, dans » la chapelle du château de Meaulne, à Lancelot » des Quatre-Barbes, chevalier, seigneur de Fon- » tenailles.

» 7° Catherine de Savonnières, mariée à Nicolas- » Louis-Jacques d'Orglaudé, seigneur de Brioure, » colonel d'un régiment, dont le fils Nicolas-Louis » d'Orglaudé fut enterré, le 20 juin 1703, dans la » chapelle de Meaulne, adjacente au chœur de » l'église de Broc.

» 8° Urbane de Savonnières, décédée à Broc, » le 29 juillet 1639, âgée de deux ans. »

X.

MARTIN DE SAVONNIÈRES, seigneur de Meaulne, de la Bretesche.

Martin de Savonnières épousa, en 1648, Françoise de Savonnières, fille de Simon de Savonnières, seigneur de la Troche, de Saint-Germain-d'Arcé, des Hayes-Rougebec, et de Jeanne Raoul, fille d'Etienne Raoul, seigneur du Clos, et d'Hélène de la Tour-d'Evié, en Angoumois.

Le beau-père de Martin était le fils aîné de Charles de Savonnières, et de Gabrielle le Gay, indiqués au chapitre de Jean de Savonnières, troisième du nom. Il fit ses premières armes au service du roi dans les guerres de la Fronde ; fut guidon d'une compagnie du seigneur du Bellay, gentilhomme de la chambre, chevalier de l'ordre de Saint-Michel, le 16 janvier 1620. Il fonda une chapelle dans l'église des Augustins d'Angers, qu'il dota de cent livres de rente. Outre Françoise, mariée à Martin de Savonnières, il eut encore : 1° Martin, marié à Marie de Goddes, dame de Varenne ; 2° Gabrielle, religieuse bénédictine, qui fut générale de son ordre ; 3° Marie, religieuse ursuline au monastère de Tours, puis supérieure au Canada ; 4° Renée, religieuse à Nyoiseau.

De Raoul porte : *De sable au poisson péri, en fasce d'argent à quatre annelets de même, trois en chef et un en pointe.*

Les enfants de Martin de Savonnières sont :

1° Lancelot-Auguste de Savonnières, marquis de la Bretesche ;

2° Henri-François de Savonnières, seigneur de Meaulne, dont le chapitre suit :

XI.

HENRI-FRANÇOIS DE SAVONNIÈRES, seigneur de Meaulne, du Perray, etc.

Henri-François de Savonnières fut marié à Marie Hélène Deschamps.

Il mourut à Broc, en 1761, laissant une fille, Marie-Françoise de Savonnières, mariée dans la chapelle du château de Meaulne, le 27 juin 1730, à Charles de Maillé, chevalier, comte de la Tour-Landry, baron d'Entrames, etc., fils de feu Charles de Maillé et de Marie Guiton, et petit-fils d'Eléonore de Jalesnes.

Les témoins présents à ce mariage sont : Henri-François de Savonnières, père de la mariée ; Charles Hardouin de Maillé, de la Tour-Landry, commandant de l'Ile-Bouchard, capitaine de vaisseau ; Charles-Henri de Maillé, de la Tour-Landry, marquis de Jalesnes, seigneur d'Amaillon, de Saint-Germain, de Vernantes, etc., chevalier militaire de l'ordre de Saint-Louis, mestre de camp du roi, curateur ; Renée de Savonnières, veuve de Henri-René de la Tremblaye ; Elisabeth-Anne de Savonnières ; Louis-Joseph et Jean de Savonnières.

XII.

CHARLES DE MAILLÉ, seigneur de Meaulne, baron d'Entrames, près de Laval.

Charles de Maillé était le petit-fils d'Eléonore de Jalesnes, mariée en 1634 à Louis de Maillé, de la Tour-Landry. On sait qu'Eléonore de Jalesnes était l'unique héritière de Charles, seigneur de Jalesnes, en faveur duquel la châtellenie de ce nom, en Anjou, fut érigée en marquisat en 1634, et d'Eléonore de Maillé-Brézé, sœur du maréchal de ce nom et tante d'Eloïse Clémence, fille de la dernière Thévalles, mariée au prince de Condé,

La maison de Maillé est originaire de la Touraine et a fourni un grand nombre d'hommes illustres.

De Maillé porte : *d'or à trois fasces nébulées de gueules.*

Charles de Maillé vendit, vers 1762, après la mort de son beau-père Henri-François de Savonnières, la terre de Meaulne à Louis Belin de Langlotière.

Les enfants de Charles de Maillé sont :

1° Marie-Henriette, née le 20 avril 1731 ;

2° Charles-René, né le 5 octobre 1732 ;

3° Anne-Elisabeth, né le 10 septembre 1733, décédée le 12 octobre 1734 ;

4° Marie-Charlotte, née le 11 juillet 1735.

XIII.

LOUIS BELIN DE LANGLOTIÈRE, seigneur de Meaulne, de la Brèche, de Langlotière, de Montsoreau en Bailleul.

M. Belin de Langlotière n'eut que deux filles :

1° Angélique-Marie-Félicité Belin de Langlotière, mariée à Messire Jacques-Marie-Etienne de Bois des Cours, comte de Bois des Cours, seigneur de Saint-Côme et de l'Etang, capitaine d'artillerie ;

2° Athénaïse-Marie-Françoise Belin de Langlotière, mariée à Messire Louis-André-Henri de Nau, chevalier de Saint-Louis, maréchal des logis de la maison du roi.

La maison de Langlotière, originaire du Maine, porte : *d'or à une fasce de sable accompagnée de trois roses de gueules* (Lainé).

XIV.

LOUIS-ANDRÉ-HENRI DE NAU DE LESTANG, seigneur de Meaulne, du Petit-Perray, à Vaas.

Le chevalier Henri de Nau de Lestang descendait de Jean Nau, maréchal des logis de la maison du roi, seigneur de Lestang, commune de Savigné-sous-le-Lude, en Anjou, ennobli dans le XVIe siècle.

De Nau de Lestang porte : *De gueules à la gerbe d'or.*

Le seigneur Henri de Nau de Lestang mourut au château des Perrays, à Vaas, le 23 avril 1815, et fut transporté à Broc le 25 octobre 1822.

Sa dame Athénaïse-Marie-Françoise Belin de Langlotière est décédée, sans enfants, à Paris, le 9 mars 1827, et laissa la terre de Meaulne, qu'elle avait eu en partage, à sa sœur Madame de Bois des Cours.

XV.

JACQUES-MARIE-ETIENNE, comte de Bois des Cours, seigneur de Meaulne, de Saint-Côme de Vair (arr. de Mamers).

Jacques de Bois des Cours eut deux filles de son épouse Angélique-Marie-Félicité Belin de Langlotière :

1° Charlotte-Joséphine de Bois des Cours, de Saint-Côme, mariée, le 22 août 1809, à Messire Louis-René Ambroise, baron de La Poèze, d'Harambure.

2° Aglaé-Marie-Félicité de Bois des Cours, de Saint Côme, marié à Armand de Liguaud, marquis de Luzac, auquel elle apporta en dot la seigneurie de Meaulne.

De Bois des Cours porte : *D'argent à cinq coquilles de gueules, 2, 2 et* 1.

Par des arrangements de famille, la terre de Meaulne passa des mains du marquis de Luzac au frère de son beau-frère, le comte Charles de La Poèze, en 1842.

XVI

CHARLES DE LA POÈZE, seigneur de Meaulne.

Charles-Henri-Marie, vicomte de La Poèze, né au château de La Collessière, le 19 mai 1788, est le second fils de René-François-Aimé, comte de La Poèze, seigneur de la Collessière, et de Marie-Renée-Ambroise des Portes Saint-Père.

La maison de La Poèze, issue de race de chevalerie et fixée depuis plusieurs siècles dans la province d'Anjou, paraît originaire du duché de BRETAGNE, *où* elle possédait de toute ancienneté la terre et seigneurie de La Poèze, dans la paroisse de *Loroux-Bottereau,* PRÈS DE NANTES. Son nom se trouve écrit dans les vieux titres et dans les anciens auteurs : *La Pouèze, La Poize, La Poaize,* et même quelquefois *La Poesse;* mais, depuis deux cents ans l'orthographe *La Poèze* a prévalu, et c'est aujourd'hui le seul en usage.

Les rejetons de cette famille ont constamment suivi la carrière des armes, et nous les voyons comparaître aux bans et arrière-bans, et aux principales *monstres* ou revues des provinces de Bretagne et d'Anjou, entre autres ès-années 1464, 1471, 1542, etc.

La maison de La Poèze a donné un grand nombre d'officiers à nos armées, et s'est alliée, dans les temps modernes, aux maisons des Portes de Saint-Père, du Bois des Cours, de Carré de Luzançay, d'Harambure, de Ferolles, des Dorides, de Saint-Lambert, etc.

La maison de La Poèze a fait de tout temps ses partages nobles, d'après la règle établie par l'assise du comte Geoffroy, ce qui est la preuve la plus incontestable d'une grande pureté d'origine. Elle a été maintenue dans sa noblesse d'ancienne extraction en 1526, 1582, 1635, et par jugements du 21 mai 1667, du 20 octobre 1704 et du 17 avril 1716. Ses armoiries, enregistrées dans l'Armorial général de France de 1696, dressé par d'Hozier et conservé parmi les manuscrits de la Bibliothèque, sont : *D'argent, à trois bandes de sable.* Elles se voyaient ainsi figurées dans les divers châteaux que la maison de La Poèze a possédés et sur un vieux sceau de fer qui, comme l'indiquait la légende, *Sigil. dm. Joh. de La Poyeze,* avait appartenu à Jean de La Poèze, vivant à la fin du XIVe siècle.

Parmi les principaux personnages de cette maison, on distingue :

Jacques de La Poèze, écuyer, seigneur de La Poèze, de Bécon, etc., vivant en 1218 ;

Charles de La Poèze, écuyer, seigneur de La Poèze et autres lieux, vivant en 1340 ;

Jean de La Poèze, deuxième du nom, petit-fils du précédent, seigneur de La Poèze, marié, en 1365, à Jeanne Le Goux, fille de Michel Le Goux, écuyer, seigneur du Coin. — Jean de La Poèze est qualifié de *Monseigneur* dans un aveu que lui rend Christophe de Goulaine, le 24 juin 1389 ;

Jean de La Poèze, troisième du nom, écuyer, seigneur de La Poèze, marié : 1° en 1384, à Jeanne Jamet de la Ferrière ; 2° en 1390, à Jeanne Brigaud du Plessis, dont il eut Guillaume de La Poèze, marié, en 1412, à Marguerite de La Rivière;

François de La Poèze, écuyer, seigneur dudit lieu, marié, en 1440, à Jeanne Coppegorge, fille unique de Laurent Coppegorge, seigneur de la Bretesche en Maisdou, qui lui apporte en dot la dite seigneurie.

François de La Poèze, deuxième du nom, capitaine commandant, en 1503, des ville et château de Champtoceaux, en Anjou, pour René de Bretagne, comte de Penthièvre, duquel il acheta la terre et seigneurie de La Collessière, et obtint de lui, en récompense de ses bons services, la charge de maître des comptes en Bretagne. — Il fut marié à Perrine Dudan, fille et héritière de Jean Dudan, écuyer, seigneur de La Jonchère. — René, l'aîné de ses fils, seigneur de La Naulière et de La Bretesche en Maisdou, reçut de Henri II cette lettre flatteuse :

« Monsieur de La Naulière, le sieur de Landereau s'en allant par dela pour aucunes affaires qu'il y a, il m'a prié de vous escrire ce mot de lettre, sachant que vous pouvés beaucoup en ses dites affaires, ce que très volontiers je luy accordé de faire pour les bons et agréables services qu'il m'a de longtemps faictz et pour l'occasionner d'adventaige de les continuer, au moyen de quoy je vous prie que, en ce qu'il recherchera de vostre faveur pour lui en voudrez pour l'amour de moy, départir et l'assister en ayde auttant que vous le pourrez et que seay que vous en avez le pouvoir ; vous assurant que ce faisant vous ferez chose qui sera de mon intention et que j'aurai un singulier plaisir. Priant Dieu, Monsieur, vous avoir en sa saincte et digne garde. Escript à Paris, le XXIe jour de fevrier mil cinq cent quarante-neuf. Signé : Henri. » (Archives de la famille). — Guillaume, son troisième fils, forma la branche des seigneurs de La Collessière, devenue l'aînée, il y a deux siècles, et seule existante aujourd'hui. Il épousa, le 27 février 1556, Françoise de Billier de la Varanne, dont il eut Jacques, seigneur de La Collessière et de Malvoisine, marié, le 22 mai 1584, à demoiselle Françoise de Prézeau, fille de Jean de Prézeau, seigneur de La Guilletière, et de Perrine d'Andigné.

René de La Poëze, fils de Jacques, écuyer, seigneur de La Collessière, qui donna asile en son château au cardinal de Retz, lorsque ce prélat, au mois d'août 1654, s'échappa du château de Nantes, où Mazarin le tenait prisonnier. Il fut marié : 1o à Elisabeth Joubert, et 2o, le 25 novembre 1631, à Geneviève Gouin, fille de Nicolas Gouin, écuyer, seigneur de La Chapelle-Piniot, dont il eut Gabriel qui suit ;

Gabriel de La Poëze, né le 29 mars 1644, seigneur de La Collessière, compris, en 1674, dans l'arrière-ban de la noblesse d'Anjou, et marié, le 23 mai 1674, à Anne de La Chevière, fille et principale héritière de François de La Chevière, écuyer, seigneur dudit lieu et du Mézangeau, dont il eut un fils qui suit :

René de La Poëze, chevalier, seigneur de La Collessière, né le 31 juillet 1675, officier dans le régiment d'Albigeois, au fort Barreaux, en 1698, et au-delà des Alpes, durant les campagnes d'Italie de 1701 et 1702. Il se maria, le 12 mai 1708, à Françoise des Rodays, des seigneurs de Sausay, dont il eut :

René-François-Marie de La Poëze, seigneur de La Collessière, né le 1er septembre 1711, qui servit dans une compagnie de cadets-gentilhommes, en cantonnement à Metz, en 1729. Il fut successivement enseigne, lieutenant, aide-major et capitaine au régiment des milices de Bretagne de 1730 à 1735. Son frère Gabriel-Henri, dit le chevalier de La Poëze, seigneur de Montjugay, en Anjou, eut de son mariage avec Françoise-Henriette-Louise de Cornu, de Princé, deux enfants : 1° Antoine René-Marie, seigneur de Montjugay, décédé sans enfants au retour de l'émigration ; 2° Sébastien, grand-vicaire de Saint-Brieuc en 1788, décédé à Sautron en 1807. — René-François-Marie épousa, par contrat du 7 janvier 1741, Françoise Moriceau de La Carterie, dont il eut : 1° Gabriel-François-René, marié, en 1735, à Marianne-Françoise du Mestre, décédé sans postérité le 27 août 1793 ; 2° Alexandre-Clovis, qui entra dans les ordres en 1788, et périt victime des troubles révolutionnaires ; 3° René-François-Aimé de La Poëze, né en 1742, seigneur de la Collessière, maire de Landemont, en Anjou, marié, en 1780, à Marie-René-Ambroise des Portes-Saint-Père, dont les armes de famille étaient *d'azur à trois fusées d'or posées en fasce l'une sur l'autre*. Il eut trois enfants, savoir :

1° René-Louis-Ambroise, comte de La Poëze, né à Angers le 17 septembre 1782, marié : 1° le 22 août 1809, à Charlotte-Séraphine du Bois-des-Cours décédée à Versailles le 3 avril 1815 ; 2° le 8 mars 1817, à Louise-Virginie d'Harambure.

2° Charles de La Poëze, seigneur actuel de Meaulne, dont le chapitre suit.

3° Suzanne-Gabrielle-Joseph-Marie de La Poëze, née au château de La Collessière, le 27 mars 1790, mariée le 13 avril 1807 à Pierre-François de Sales-Carré-de-Luzançay, capitaine de vaisseau, chevalier de Saint-Louis.

XVII.

CHARLES-HENRI DE LA POËZE, seigneur de Meaulne.

Charles-Henri-Marie, officier de la Légion-d'Honneur, vicomte de La Poëze, seigneur de

Meaulne, de La Collessière, de Saint-Sauveur, etc., maire de Broc, président du comice-agricole, s'est marié, le 22 juillet 1816, à Caroline Prudence de la Ville-de-Ferolles-des-Dorides, fille de Charles-Antoine de la Ville-de-Ferolles, marquis des Dorides, lieutenant-général et commandeur de l'ordre de Saint-Louis, décédée le 24 octobre 1825, laissant deux enfants ; 1° Marie-Caroline de La Poèze, née à Nantes le 24 avril 1817, mariée, le 30 avril 1840, à Louis-René de La Poèze, son cousin-germain, né à Alet le 18 octobre 1812, fils de René-Louis-Ambroise, comte de La Poèze, et de Charlotte-Séraphine du Bois des-Cours, dont Henri-Charles-Marie de La Poèze, né le 15 janvier 1842, et Charles-Marie de La Poèze, né le 24 juin 1843.

2° Olivier-Charles-Marie de La Poèze, né le 25 juin 1821, député de la Vendée, conseiller-général du canton de Saint-Fulgent, chambellan de l'empereur Napoléon, chevalier de la Légion-d'Honneur, maire de Chalonnes-sous-le-Lude, membre du comité d'instruction, etc., marié, en 1853, à Mlle Staolina de La Roche-Lambert, fille du marquis de La Roche-Lambert, gentilhomme de la chambre de sa majesté Charles X, officier de la garde, démissionnaire en 1830, sénateur en 1837, et de Mlle de Bruges, fille du comte Louis de Bruges, lieutenant-général, aide de camp de sa majesté Charles X, et de Mlle de Golowkin, sœur du comte de Golowkin, grand-maître des cérémonies de l'empereur de Russie. Mlle de Bruges était la nièce du comte Hyacinthe de Bruges, grand chancelier de la Légion-d'Honnenr sous la Restauration.

Le marquis de La Roche-Lambert, père de la comtesse de La Poèze, était fils du comte Gabriel de La Roche-Lambert, frère cadet du marquis de La Roche-Lambert et de Mlle Charlotte de Dreux-Brézé, fille du marquis de Dreux-Brézé, grand-maître des cérémonies de France, et de Mlle de Coustanel.

Les armoiries des La Roche-Lambert sont d'*argent, au chef de gueule, au chevron d'azur ;* devise : *Amour en guerre.*

La comtesse de La Poèze a été nommée dame du palais de l'Impératrice en janvier 1855. Elle a accompagné sa majesté dans plusieurs voyages, notamment dans ceux de l'Algérie, de Corse et de Savoie,exécutés en 1860; depuis, dans celui d'Orient en 1869, avec arrêt à Athènes, à Constantinople, au Caire, Stamboul, ville située sur le Nil, près de la deuxième cataracte, pour terminer par l'ouverture de l'isthme de Suez, où plusieurs souverains et princes étrangers ou ambassadeurs s'étaient entendus pour se rencontrer et assister à cette merveille de l'art.

La comtesse de La Poèze a été honorée du cordon de Marie-Thérèse et de celui de Saint-Charles Borromée.

LA MARQUISIÈRE.

Le manoir de la Marquisière est situé à l'extrémité orientale de la commune et ne présente rien de particulier que sa chapelle de cinq mètres de largeur, douze de long, complétement délabrée, n'ayant plus d'autres indices de sa destination primitive que les traces d'une vierge, peinte sur le mur du pignon opposé à l'entrée. Cette chapelle n'était point voûtée. A l'extérieur du corps de logis apparaissent un grand nombre de fenêtres murées; ces ouvertures placées à une distance régulière les unes des autres donnent à ce bâtiment l'aspect d'un cloître.

En était seigneur, au XVe siècle, Abraham des Hommes, décédé, à Broc, le 6 décembre 1621.

Samuel des Hommes, écuyer, fils du précédent, fut marié à Marie de Trenouillon, dont François des Hommes, seigneur de la Marquisière et du Bignon, marié, le 23 juillet 1635, à demoiselle Charlotte du Rougé, fille de feu Louis du Rougé, seigneur de la Perdrillère, et de Françoise de Villemoreau.

François des Hommes était protestant. La veille de ses fiançailles, le 4 juillet 1635, il fit abjuration en l'église de Broc. Je transcris ici l'acte de ce fait consigné dans les registres de la paroisse.

« Nous, François des Hommes, seigneur du Bignon et de la Marquisière, paroisse de Broc, confessons avoir, ce jourd'hui, en présence de vénérable et maître Mathurin Moriceau, pasteur, curé du dit Broc, comme déjà avons fait auparavant en la chapelle des Ardilliers de Saulmur, du diocèse d'Angers, déclare, en face de notre mère Sainte Eglise, faire profession de la foi catholique, apostolique et romaine, et voulons vivre et mourir en elle, moyennent la grâce de Dieu, et reconnaissons la très-sainte Vierge Marie, mère de Dieu, comme très-pure et très-parfaite à avoir, même grandement, sanctifié et honoré en la conception et naissance du divin Seigneur Jésus-Christ, qui a été conçu du Saint-Esprit, en l'honneur desquels nous promettons à Dieu, à la sainte Vierge Marie, à notre mère la Sainte Eglise, ne contrevenir jamais, et reconnaissons que le corps de Notre Seigneur Jésus-Christ est réellement au saint Sacrement de l'autel, et renonçons de corps et d'âme à la religion prétendue réformée et avouons Dieu pour père, et la Sainte Eglise catholique, apostolique et romaine pour mère, témoignage et serment de quoi nous avons signé de notre seing manuel et signé notre profession en l'église de Notre-Dame de Broc, le 4 juillet 1635. — *Signé :* François des Hommes. »

Les enfants de François des Hommes et de Charlotte de Rougé, sont :

1° Charles, né le 24 juin 1638 ;

2° Elisabeth, née le 18 octobre 1639, qui abjura l'hérésie de Calvin, le 3 octobre 1666 ;

3° Marie, née le 3 juillet 1641 ;

4° Aimée, née le 24 août 1642, mariée à Broc, le 14 mai 1687, par André Froget, docteur en théologie, curé de Rillé, à Kerne Grelin, seigneur de Beauvallon, fils de feu Kerne, bailli de Rillé, président au grenier à sel de Langeais et d'Anne de Bouzillé;

5° Madeleine-Charlotte, né le 20 janvier 1645.

LA GODEFRAIRIE.

La seigneurie de la Godefrairie, avec château, tourelle, chapelle et clocher, située à l'extrémité nord de la commune, relevait à foi et hommage de la Cour-de-Broc et faisait partie de la paroisse de Dissé. Les fermes de Vergettes et de la Pelontonnière en dépendaient. Vergettes vendue, en 1755, par messire Benoist-Gabriel d'Armand de Ruzé, chevalier, seigneur, marquis d'Effiat, baron de Cinq-Mars-la-Pile, à M. Pesse, avocat à Paris, et revendue, par ledit acquéreur, le 27 octobre 1819, à M. Douaire ; elle devait chaque année une couple de poulets au seigneur du lieu.

Etait seigneur de la Godefrairie, en 1605, noble homme, Louis de La Grandière, cité ladite année dans un acte de la paroisse de Chalonnes avec Jehanne, dame de Mollardière, fille de Léon de Garguesalle, seigneur de Petit-Linières, fief de Chalonnes. — Charlotte de La Grandière, sa fille, fut mariée à René de Frézeau, seigneur de la Frézellière, en Poitou, qui devint par ce mariage seigneur de la Godefrairie et de Vergettes.

René de Frézeau était fils d'Isaac de Frézeau, chevalier, gentilhomme ordinaire de la chambre, maréchal de camp, seigneur d'Amaillon et de la Frézellière, marié à Madeleine de Savonnières et arrière petit-fils de Philippe de Frézeau, chevalier, seigneur de la Frézellière, qui servit Charles IX dans les guerres civiles et est mentionné par le président de Thou dans son histoire de 1574. Isaac de Frézeau rendit aussi de grands services dans la guerre des Espagnols. Jacques de Frézeau, frère puîné d'Isaac, fut marié à Marguerite de Montmorency, fille de Pierre de Montmorency, seigneur de la paroisse de Dissé, de Rochette, de Louresse, etc., et de Suzanne de Rieux, qui lui apporta en dot la seigneurie de Rochette, en Dissé.

De Frézeau porte : *burelé d'argent et de gueules à la cotice d'or sur le tout.*

De René de Frézeau et de Charlotte de La Grandière *issit* François de Frézeau, marié à sa cousine Charlotte-Marie de Frézeau, dont Antoine, né le 15 juillet 1650, tenu sur les fonts de baptême, à Dissé, le 13 juillet 1654, par Antoine Fouquet, conseiller du roi et du parlement, seigneur de Croissy. C'est Antoine Fouquet qui fit bâtir le château de Marcilly et qui prit pour armes un écureuil, animal qui, dans le langage populaire, porte le nom de *fouquet*.

Charles-René de Broc, baron de Chemiré et de la Cour-de-Broc, acheta, vers 1700, la seigneurie de la Godefrairie, que sa petite-fille Mme de Commequiers revendit, à M. Douaire, vers 1816. C'est Désiré, le fils de M. Douaire, qui en est le propriétaire actuel et qui a transformé en une jolie résidence tous ces vieux bâtiments dont il n'a conservé que les caves.

GROTTE A JEHAN DE DAILLON

C'est à 500 mètres nord-est de Vergettes, sur un coteau dominant la rivière de Meaulne, qu'est située la grotte ayant servi, pendant sept ans, de retraite au célèbre Jean de Daillon, comte du Lude, tombé dans la disgrâce de Louis XI, dont il était le favori. Cette grotte, très-bien conservée, est creusée dans le tuffeau et se compose de trois chambres. On y voit pour tous meubles une table et trois chaises en pierre. Elle est ombragée d'un joli bouquet d'arbres. A l'entrée, on lit cette inscription moderne : « C'est dans cette grotte que Jehan de Daillon, seigneur du Lude, se réfugiait durant sa proscription qui a duré de 1461 à 1468, lorsqu'il était poursuivi par les suppôts de Louis XI. » Né à Bourges, le 2 juillet 1423, il mourut en Dauphiné en février 1482. Depuis cet exil, les seigneurs du Lude, qui possèdent Mont-Vaillant, ancien manoir avec chapelle, situé en face de la grotte, ont toujours conservé les descendants du fermier qui nourrissait, de concert avec Jehanne, *la fée*, Jehan de Daillon, dans sa cachette.

LA GRANDE-MAISON.

Le fief de la Grande-Maison, situé au fond du vallon de la Cave-Noire, se compose de quatre maisons ou fermes et n'a rien de particulier.

En était seigneur, en 1629, Charles d'Espagne, marié à Marguerite de Lorin, dont Urbane, Lazare et Louis d'Espagne.

Charles d'Espagne descendait de Herbert d'Espagne, écuyer, vivant en 1298, seigneur d'Espagne, d'Aunay, de Vennevelles, de Coulaines, etc., baronnie du Maine, composée de quatorze fiefs, érigée en marquisat, en 1654, par lettres-patentes du roi Louis XIV, en faveur de Henri d'Espagne, qui servit avec honneur dans la guerre de la succession.

D'Espagne porte : *d'azur à un peigne d'argent à deux étoiles en chef et une en pointe.*

LES GRANDS-GODETS.

Les Grands-Godets, ancien manoir fortifié construit sur la rivière de Meaulne, converti en grenier à céréales, par M. de Lussac, était possédé, au XVe et au XVIe siècle, par un membre de la maison de Champagne, qu'on suppose être Kerne de Champagne, cité dans plusieurs actes de la paroisse de Chalonnes, et dont la sœur Anne de Champagne, décédée, en 1587, épousa Olivier Le Bigot, seigneur de Grand-Linières, en Chalonnes, et de Garguesalle.

Cet Olivier Le Bigot, décédé le 24 décembre 1629, avait épousé, en secondes noces, Jacquine de Garguesalle, fille de Jean de Garguesalle, morte le 24 février 1619, dont il eut Charles Le Bigot, né le 8 janvier 1592, qui lui succéda dans la seigneurie et mourut le 5 janvier 1662. — Charles Le Bigot avait épousé Anne de Mareuil, fille de Jehanne de Bretagne, dame de Mareuil, de Villoutrays et du Vivier des Loindes, dont il eut René Le Bigot, qui fut seigneur de Grand-Linières et de Garguesalle, et marié : 1° à Anne du Pont, fille de Charles du Pont, seigneur de la Chesnaie, etc., et de Gabrielle Dugney, décédée, le 5 janvier 1676, à l'âge de 27 ans ; 2° à Angélique de Mars.

Du Pont porte : *d'argent semé de fleurs de lys d'azur, au lion de même, armé, lampassé et couronné d'or.*

La chronique locale raconte que le château des Grands-Godets, dont un mur de plus de quarante pieds de hauteur subsistait encore il y a quelques années, fut le théâtre de scènes atroces au temps des guerres de religion.

Un seigneur de Champagne, renégat protestant, un des plus féroces de cette époque de férocité, attirait chez lui par ruse ou par force ses anciens co-religionnaires et les faisait jeter dans un immense gouffre qu'il avait fait creuser au pied de son château dans le lit de la rivière de Meaulne, ce qu'il appelait les faire boire à son *grand godet.*

Il ne reste plus du vieux manoir que le pignon qui regarde la rivière. Il est percé, à trois mètres d'intervalle, de deux meurtrières convergeant vers le même point. A quatre mètres de hauteur se montre une baie carrée, encadrée de moulures en forme de gorge, avec deux restes de poutre et deux profondes rainures verticales en dessous. — Au pied du mur, deux blocs de pierre quartzeux, de même hauteur, encastrés dans le mur et présentant un évasement en forme de scotie avec trou au sommet, devaient servir au jeu d'un rouleau destiné à hisser une masse quelconque. — Tout cet ensemble de choses fait préjuger qu'il existait une potence en ce lieu.

LA CHICAUDIÈRE.

Le manoir de la Chicaudière domine un coteau situé sur la rive droite de la rivière de Meaulne, en face des Grands-Godets. Il est caractérisé par une tourelle ronde percée de meurtrières, adossée au centre de la façade, flanquée de chaque côté de fenêtres géminées avec cintres en anse de panier, meneaux de pierre posés horizontalement, cordon perlé, frontons triangulaires très-élevés, dépassant la naissance du toit et se détachant de la masse du bâtiment. — Sur l'entablement de droite se voient deux écussons, dont l'un porte des cordons entrelacés terminés par des glands et flanqués de deux triangles équilatéraux. — Une corniche à simples modillons s'étend sur la tourelle et toute la façade du bâtiment. Dans le bâtiment, servant de grange, se voient un reste d'arc formant la voussure d'une porte et une fenêtre dans le genre de celles du prieuré. A côté du manoir, des grottes ou cavernes, de l'aspect le plus pittoresque, se prolongent sur une série de caves qui présentent tous les caractères d'habitations antiques. De distance en distance, des ouvertures percent la voûte du rocher (voir *Journal de Baugé*, 12 mars 1870).

En étaient seigneurs : n. h. Pierre Odart, avocat au siége du Mans, 1593 ; n. h. Pierre Guillemin, avocat au présidial d'Angers, 1627, 1680 ; François Leroyer, lieutenant civil en l'élection de Baugé, 1705.

LA ROBINIÈRE.

Le hameau de la Robinière, partie sur Chalonnes, partie sur Broc, était possédé par Jehan de La Poëze, cité dans un acte de la paroisse de Chalonne-sous-le-Lude, daté du 28 août 1592.

VOZELLE OU VAUGÈLE.

Le Petit-Vaugèle, mi-partie sur Broc et sur Chigné, était possédé par Jacques de Grugelin, seigneur de la Guistière et de Vaugèle, marié : 1° à Françoise de Saint-Rémy, décédée le 14 juillet 1601; 2° à Elisabeth Le Gay.

Les fiefs de Petit-Vaugèle, de la Grésille, sur Broc, de Grand-Vaugèle, sur Chigné, faisaient partie de la paroisse de Dissé et relevaient ainsi que la Beausseraye, Pont-de-Pierre, l'Espinay, la Cour-du-Bois, en Chigné, et Lorrière sur Dissé, à foi et hommage simple de la vicomté de Meigné, dont le seigneur était un des quatre pairs de la châtellenie de La Flèche, comme il est constaté dans les aveux que rendent à Jehan Le Gay, écuyer, seigneur de Massé, etc., en 1479, Jacques de Turpin, seigneur de la Grésille, de Coisse, de Vihiers, de Vaugèle, au nom d'Edmond de Bueil, son neveu, mineur, fils de feu noble homme, Jehan de Bueil, chevalier, seigneur de château en Amon, de la Cour du Bois, de Beausseraye, de Pont-de-Pierres, du Gué des Perriers, etc., comte de Sancerre, et de Martine Turpin; en 1489, par René du Mesnil, écuyer, propriétaire des mêmes seigneuries et de Lorière; en 1525, par Robert de Rougé, seigneur de Lorière. Le seigneur de Lorière devait un cheval d'après la coutume du pays.

LA TOUCHE.

Le manoir de la Touche ou des Touches, situé à trois cents mètres N.-E. du bourg, est curieux par ses travaux de menuiserie (panneaux à ruban) et ses chaises de pierres placées dans le mur de chaque côté des fenêtres, dans les appartements supérieurs. C'est le *criterium* de ce qu'on peut imaginer de plus rustique et de *plus économique*. Les bâtiments, avec leur tourelle hexagone sans modillons, ne présentent rien de particulier que leur toit en batière et leur ouvertures coupées inégalement en deux parties par un meneau en pierre posé horizontalement. Les moulures qui les encadrent ressemblent à celles qu'on voit à Lizardière, au prieuré, aux Grands-Godets et aux vieux bâtiments de la Chicaudière. — Sur le mur opposé à la façade, une fenêtre avec fronton triangulaire très-élevée se détache de la masse du bâtiment.

La maison des Touches est peu connue. — Un Jean des Touches est signalé dans un acte de la paroisse de Dissé du 10 janvier 1596. Son fils Jean des Touches, marié à Anne du Bois, fut inhumé à Broc le jour du Vendredi-Saint, 26 mars 1682, laissant un fils, Charles des Touches, marié à Anne Hardouin, qui lui apporta en dot la terre de la Blandinière. Il vivait encore en 1699.

LE BOURG DE BROC.

L'origine et le nom du bourg de Broc sont très-anciens et peu connus. Si haut qu'on remonte dans l'histoire, on en trouve les preuves. Ce nom n'a jamais changé, la désinence seule a subi quelques modifications. « On voit (*Dictionnaire historique*, Port, page 515) qu'on écrivait — in comitatu Andegavo villaque dicitur Broch 1040 (cartulaire de Vendôme, f. 48). — Parochia villeque dicitur Broch 1078 (D. Housseau, nº 795). — Broc, 1185 (Ch. Saint-Maimbœuf). — Brucum, 1186 (G. Saint-Maurice, rentes, t. VI). — Brocq, 1726 (Saulgrain). — Mot qui me paraît vouloir dire, d'après ses dérivés latins, un bois sauvage, comme *Brolium*, un bois réservé. » On trouve ces mêmes modifications du mot Broc dans les actes de la paroisse.

On peut aussi admettre que cette étymologie vient par corruption du mot anglais *brook*, ruisseau, ou même du mot allemand *bruch*, signifiant marais, marécage. Ces deux mots sont non-seulement homonymes, mais encore synonymes, dans ces deux langues qu'on peut considérer comme étant la mère et la fille du celte. Ce fait surtout paraît assez plausible, si on réforme par la pensée l'état primitif des lieux.

Figurez-vous une contrée couverte de forêts et de marécages, sillonnée de larges rivières roulant mollement leurs flots limoneux autour de cette espèce d'oasis formant alors le sol de Broc, et vous aurez un aperçu topographique de l'endroit habité par les Celtes, ses premiers habitants.

Trois dolmens existent sur le territoire de Broc. Le premier qui est situé « près de la route de Chigné, à un kilomètre ouest du bourg, dans les champs de la Planche, est composé de quatre pierres dont une formant toit de 40 à 50 centimètres d'épaisseur, sur un diamètre de 2 mètres à 2 mètres 50; les trois autres verticales, dont deux, d'un seul côté, forment les parois. Le fond manque. Des fouilles, suivies à 1 mètre de profondeur par M. le comte de La Poèze, le 26 août 1872, n'ont donné que des débris d'ossements mêlés de cendre, de braise et de menus fragments de grossière poterie. » (Port, *Dictionnaire historique*, page 516.)

Le second situé à 800 mètres est du bourg, et à 100 mètres ouest de la ferme de Champ-de-Pierres, est construit aussi de trois pierres dressées. La table, de 2 mètres 50 de diamètre et d'une seule pierre, est beaucoup plus inclinée. Son plan, comme le précédent, est rectangulaire et forme une espèce de chambre dont l'ouverture est fixée au levant.

Le troisième est renversé ; il se trouve près de la

ferme du Moulin-à-Vent, *Crênerie* (Cass.). Les blocs de 2 mètres carrés qui le composaient, gisent à quelques pas de distance. A côté se voient cinq pierres brutes coniques, d'un mètre de hauteur, posées verticalement à une distance de 2 mètres les une des autres et en forme de croix, qui produisent un singulier effet de respect sur l'imagination. Ces espèces de *menhirs* ou *pierres fiches*, paraissent profondément enfoncés dans le sol et peuvent être considérés comme des *peulvans-dieux*.

C'est le point culminant de la contrée. L'artiste qui aime les antiques souvenirs, les manoirs, les coteaux ombreux et les horizons lointains, ne se lasse point, quand l'éclat du soleil rayonne sur la plaine, d'admirer le splendide panorama qui se déroule à ses yeux éblouis et charmés. L'œil se repose agréablement sur cette campagne verdoyante égayée de jolies villas aux blanches tourelles et de charmants villages à demi-cachés dans les arbres, et dont les brillants clochers élancent vers le ciel leurs flèches aiguës comme des pointes. On peut compter trente clochers dans ce magnifique cercle qui n'a d'autres limites que l'horizon, les collines boisées du Maine, et les brumes vaporeuses du *Liger*, cette vieille reine de la vieille France, qui se dessinent comme un rempart sur le fond bleu de la brune Aquitaine.

Ces dolmens sont aujourd'hui les témoins apparents du passage des Celtes sur notre sol, et pour ainsi dire les seuls vestiges qui nous restent de leur religion, dont le principe était, comme le nôtre, basé sur l'espoir d'une vie meilleure.

Nous ne savons rien sur cette époque, et le passé de Broc, qui n'a pas eu de fait célèbre à enregistrer, reste enseveli dans la nuit des temps. Le sol seul en conserve les traces et nous atteste par ses ruines parlantes, que, dans des siècles bien reculés, il avait de nombreux habitants.

On trouve cependant à Broc plusieurs spécimens des armes et des outils qui leur sont attribués. Le cabinet de Madame la comtesse de La Poèze renferme plusieurs couteaux et une hache celtique découverte à la Chambonnière, par Tabourier. Un pendant d'oreille, ou hameçon en pierre, finement taillé, le seul que je possède, a été ramassé près du dolmen de Champ-de-Pierres. Il rappelle les mœurs des sauvages indiens dépeints par Cook, et pourrait remonter à l'âge de pierre.

Du passage des Romains, il ne nous reste que des ruines.

« Au travers du bourg actuel passait une voie romaine, non encore signalée et parfaitement reconnaissable, surtout sur la côte du Gué-des-Perriers, où le nouveau chemin, qui l'emprunte, l'abaisse par une entaille profonde et montre à nu dans la coupe, sous la terre cultivée, le dallage en gros blocs non équarris, et les diverses couches de sablon et de petits cailloux, très-distincts du rocher sur lequel on marche. Cette voie sortait vers l'est, par Meaulne, et vers l'Ouest, par le Gué-des-Perriers et Chigné. » (Port, *Dictionnaire historique*, page 517.)

Cette voie passait par le hameau de la Touche, où l'on voit encore un grand nombre de scories provenant des anciennes forges à bras des Romains établies en ce lieu, et rejoignait à la Chaloisière la grande voie romaine allant de Bourgueil au Lude ; une autre voie romaine allant du Lude à Château-la-Vallière, traversait le territoire de Broc au Point-du-Jour. La route nationale nº 159, de Tours à Rennes, est construite sur l'emplacement de cette dernière voie. (Voir Pesche, *Dictionnaire de la Sarthe*, art. Lude.)

Plusieurs sarcophages en grès quartzeux ont été trouvés à Broc et aux alentours du bourg. Ils sont composés de deux pierres, dont l'une forme la caisse et l'autre sert de couvercle. Les couvercles sont à surface plane imitant une table; leur épaisseur, de même que la caisse, est de 10 à 12 centimètres. La caisse présente intérieurement une espèce d'oreiller pour soutenir la tête. Ces tombeaux de 1 mètre 60 à 2 mètres de longueur, sont placés sur un plan incliné, de sorte que les pieds sont plus bas que la tête et dans le sens de l'occident à l'orient.

Un de ces cercueils indestructibles se voit maintenant au manoir de la Touche où il a été trouvé. Il est placé à côté du puits, et sert d'abreuvoir depuis de longues années.

Le 27 septembre 1873, je fis exhumer un de ces tombeaux au bourg voisin de Châlonnes, où il en existe beaucoup; je ne pus découvrir ni médailles, ni inscription, ni poteries, d'où je conclus qu'il pouvait être d'une époque postérieure aux Romains qui n'oubliaient jamais d'y joindre quelques signes, et appartenait aux chrétiens du moyen-âge.

C'est seulement à partir de l'an mil qu'on commence à trouver, dans les chartriers des anciennes abbayes, quelques documents authentiques sur les habitants de Broc.

HISTOIRE ECCLÉSIASTIQUE.

Eglise. — L'église érigée en succursale, le 5 nivôse an XIII, est dédiée à Notre-Dame. Elle n'a qu'une nef dans le plan de l'ouest à l'est et figure presque la forme d'une croix latine. Elle mesure 75 pieds de longueur sur 27 de largeur. Sa masse imposante s'élève majestueusement au milieu du bourg bien au-dessus des plus hautes maisons.

D'après les caractères architectoniques de l'édifice, il date du XIe et du XIIe siècle. Sa forme est irrégulière et composée d'une suite de constructions qui l'ont sensiblement transformé, sans pourtant lui enlever le cachet distinctif attribué aux différentes époques.

D'après les archives de la paroisse, il paraîtrait que cette église a été bâtie ou réédifiée sous les règnes de Philippe Ier et de son père Henri, rois de France, par un membre de l'illustre famille de Broc, qu'on croit être Guérin (Guerinus), homme généreux et bienfaisant, qui légua ainsi à ses descendants le titre de fondateur et de bienfaiteur de Notre-Dame, qu'ils portaient encore au temps de Mathurin de Broc, cinq cents ans après.

(*Voir archives communales. — Rentes et aveux à Julian de Broc.* Années 1594 et 1595.)

Les titres de cette époque mentionnent Broc comme ayant une certaine importance, et nous font voir qu'il formait déjà une paroisse.

Les murs latéraux de l'église sont contreboutés de six contreforts épais, grossiers, massifs et saillants. La partie comprise entre la première travée et le transept, d'une superficie d'environ 130 mètres carrés, est la plus ancienne de l'édifice et a très-bien conservé, surtout vers le nord, son petit appareil. Ces petites pierres taillées carrément et noyées dans le ciment, présentent une structure singulière qui n'est plus en usage depuis des siècles, et une solidité qui défie la pioche, et résiste aux plus puissants efforts.

A 40 centimètres du toit, de petites baies romanes d'un pied de largeur sur deux de hauteur, à claveaux équarris et réguliers, apparaissent de droite et de gauche entre et à la hauteur des contreforts, et forment, ainsi que le cordon perlé circulaire qui ceignait l'édifice et l'arcade de ces fenêtres, l'un des caractères les plus certains du style roman primitif.

Ce cordon, détruit en majeure partie, figure au sud, à l'est, au-dessus de la Chapelle-de-Meaulne, et sur une baie au nord. Les traces sont encore visibles partout. Il indique la partie primitive de l'édifice.

Trois grandes fenêtres modernes, tréflées, remplacent dans la partie méridionale les baies romanes, le côté au nord est complétement dépourvu d'ouvertures.

Le clocher, grande tour carrée d'une hauteur de 60 pieds, est placé à droite de l'abside et porte tout entier sur l'ancienne chapelle des seigneurs de Broc. Il mesure intérieurement 18 pieds carrés et est flanqué de haut en bas, aux angles, de contreforts à triple égouttoir et décoré à chaque étage d'un cordon de moulures à courbes pointillées. La base vers le sud est percée d'une grande fenêtre à meneau surmontée d'un quatrefeuilles, et le sommet sur chaque face éclairé d'une double baie semi-ogivale, accouplée par un massif de quatre colonnes en ébrasement (fin du XIIe siècle), avec des revêtements inférieurs en saillie, formés de modillons variés et très-remarquables, représentant un singe grimaçant, une magnifique feuille de choux fantaisiste, des joueurs d'instruments, etc. De même, la fausse arcature circulaire qui borde le toit de l'abside, est portée sur une série de curieuses têtes grimaçantes, dont la plupart, bien que mutilées, se font encore remarquer par le fini de leur exécution. Sous la fenêtre centrale se reconnaît un écu d'or à *une fasce de sable* qui est de Langlotière. (*Voir* M. Port, *Dictionnaire historique*, page 516.)

Les ouvertures géminées du clocher, celles de l'abside, aussi semi-ogivales, et surtout ces modillons isolés formant frise et comme placés au bout de solives, qui traverseraient les murs, rappellent le style roman secondaire du XIe et du XIIe siècle, à l'époque qui précède sa décadence.

Le clocher élevé sur une base qui lui donnait

d'après les proportions une hauteur considérable, n'a jamais été terminé; il y manque la flèche (1).

A ce sujet une légende locale raconte que : « Lorsqu'il n'était encore que petit enfant, saint » Martin fut placé par ses parents dans une auberge » de la ville du Lude. Son maître l'envoyait chaque » jour baigner les chevaux dans la rivière du Loir, » mais c'était bien loin, à plus d'une lieue, car » chacun sait bien que, dans ce temps-là, le Loir » coulait sous les collines qui ferment le vallon du » côté du nord-est, et qu'on nomme encore de nos » jours, ces lieux à présent cultivés : *Vieux Loir*. » Un jour le petit saint était bien las et il pleurait » en disant : oh ! mon Dieu, faites que le Loir » vienne à moi au lieu que j'aille au Loir. Et voilà » que Dieu exauça sa prière, et le Loir quitta son » lit et vint couler sous les murs du Lude ! Néan- » moins saint Martin se dégoûta du métier de pale- » frenier, et venant un jour du côté du village de » Dissé, il vit qu'on y construisait une église et que » la tour du clocher était déjà faite. Alors la pensée » lui vint d'y ajouter une belle flèche plus haute que » toutes les flèches du pays. Il dirigea alors ses pas » vers une grande forêt et il monte à travers les » épais ombrages jusqu'au haut de la côte qui sé- » pare Dissé de la paroisse de *Broc*, et il vit que les

---

(1) La construction du clocher et de l'église de Broc, commencée depuis près de deux cents ans, s'arrêta en 1191, lorsque les seigneurs de Broc et de Lizardière, suivis d'un grand nombre de leurs vassaux, se croisèrent avec Richard Cœur-de-Lion.

» habitants de Broc construisaient aussi une belle » église et que la tour du clocher était prête à re- » cevoir la flèche. Il vit aussi des bûcherons qui » avaient abattu et équarri de gros chênes pour » faire cette flèche. Alors saint Martin se cacha et » attendit la nuit, puis, lorsque les bûcherons » eurent disparu, il chargea toute la charpente sur » ses épaules et la porta à Dissé. Le lendemain, » les habitants, en ouvrant les yeux, virent une belle » flèche élevant sa fine pointe vers le ciel, et ils » furent émerveillés. Mais les charpentiers de Broc, » en allant à leur chantier, furent bien marris » lorsqu'ils ne trouvèrent plus leurs beaux bois » qu'ils avaient travaillés avec tant de zèle, et ils » s'en retournèrent tristement dans le village, et la » tour carrée de l'église de Broc resta à *tout jamais* » sans flèche ainsi que nous la voyons encore au- » jourd'hui. Car bientôt après de terribles guerres » ravagèrent le pays, et une grande bataille fut » livrée sur le coteau ! La belle forêt disparut et on » enterra les Angevins et les Anglais sur le plateau ; » on y planta quelques ormeaux, et le lieu sinistre » s'appelle encore : *Sous les ormeaux, morts ils* » *sont*, aujourd'hui : *Les ormeaux morrison.* »

Dans le pignon contreboutè de deux épais contreforts, un grand portail à fleuron croisé, avec rebord en feuilles de chou, a remplacé la porte basse et l'immense fenêtre ogivale qui la surmontait. En haut se voient encore une baie carrée et les traces d'un écusson.

A la hauteur de la première travée, limite occidentale de la chapelle primitive, on voit la grande porte du XVIIe ou XVIIIe siècle, ronde avec pilastres ornementés.

La nef intérieure comprend trois travées, dont la voûte, avec liserons, formerets et toute la complication du XVe siècle (voir Port, *Dictionnaire historique*, page 516), a été décorée récemment des armoiries de Monseigneur Angebault, de Montmorency, de l'abbé du prieuré, et de la maison de Broc. Ces voûtes construites en tuffeau du pays, sont d'une solidité à toute épreuve.

On remarque sur les murs de l'église un beau chemin de croix et de jolis tableaux, représentant les armoiries des principales familles seigneuriales de Broc, peintes par Pasquier du Lude (1870).

« Une charmante toile du XVIIIe siècle représente la vierge tenant l'enfant Jésus endormi sur ses genoux ; un petit enfant offre une colombe ; un autre et sa mère, derrière eux, le père les regarde : œuvre de touche fine et de claire lumière, intéressante par l'expression des figures qui donnent l'idée de portraits. » (Port, *Dictionnaire historique*, page 516.) Cette toile est du style espagnol.

On voit encore une Assomption et un tableau représentant Jésus enseignant, peint à l'huile par l'abbé Damnet, curé de Courcelles.

Un arceau ogival du XIIIe siècle abaisse et resserre la nef en donnant appui aux autels, à droite de la Vierge, à gauche de saint Augustin (Port), et a remplacé le mur qui descendait près de 2 mètres plus bas, et cachait aux fidèles toute la partie supérieure du transept.

Dans le transept, voûté en berceau, s'ouvrent, à droite, par un bel arceau en tiers point, la chapelle autrefois de Lizardière, dont le mur garde les traces d'une antique fenêtre romane ; à gauche, la chapelle dite de Meaulne (Port) construite, en 1607, en l'honneur de saint Mathurin et de saint Louis, par messire Mathurin de Broc, seigneur de Broc.

L'enlèvement, par M. Rabigot, de la cloison de bois qui transformait l'abside en sacristie, a permis d'y reporter l'autel tout moderne, sculpté, ainsi que la chaire, par Audouin, de Courcelles, auteur de la restauration.

Cet autel, ainsi que les statues qui l'ornent, peint par Mesdames de La Poëze et de Boxper, est un des plus beaux du pays. Les trois baies romanes qui l'éclairent sont remplies par des vitraux des Carmélites du Mans.

Le curé et son vicaire, jusqu'en 1790, siégeaient dans le chœur, chacun dans sa stalle, le prieur à droite sur un petit banc. (Port.)

Des deux cloches bénites, le 22 mai 1698, sous l'administration du curé Busson, par messire Jean l'Herbette, archiprêtre du Lude, curé de Denezé, il ne reste que la plus grosse. Elle est du poids de 900 kilos et porte le nom d'*Henriette-Louise*. Son parrain fut messire Charles du Mesnil, écuyer, seigneur de la Bosseraye, en Chigné, et sa marraine, haute et puissante dame Marguerite-Louise-Suzanne de Bethune de Bellèmes, dame d'honneur de Madame la duchesse de Bourgogne, veuve de haut et puissant seigneur messire Henri de Daillon, chevalier, duc du Lude, lieutenant général, pair et grand-maître de l'artillerie de France, dame de la seigneurie de Broc, ayant nommé pour sa procuratrice dame Renée-Jacques de la Borde, veuve de René de Bellèmes, seigneur de la Placière.

La seconde, convertie en canons par la Révolution, avait été nommée *Marie* par noble homme Joseph le Mercier, seigneur de Vauduchon, conseiller du roi, procureur des greniers à sel du Lude, et dame Marie Savy, épouse de messire Jacques de Noroc, chevalier, seigneur du Plessis.

Chaque année, après la Toussaint, quand les semailles sont terminées, on célèbre avec une grande solennité, dans l'église de Broc, la fête de saint Augustin, patron de nos laboureurs.

Cet usage qui a pris naissance aux temps hiératiques et qui s'est conservé jusqu'à présent, veut que tous les cultivateurs assistent au saint sacrifice de la messe.

C'est vraiment touchant de voir cette assemblée de rudes travailleurs endimanchés, rubanés, accompagnés de leurs épouses et de leurs enfants, se rendre processionnellement, leur roi en tête, offrir des actions de grâces à celui qui fait croître le blé et mûrir la moisson. Cet acte est grand, noble et majestueux dans sa simplicité, il reporte nos pensées vers la foi des siècles antiques.

Ce jour-là, chacun met de côté les petits sujets de querelle qui troublent aussi bien l'humble habitant des campagnes que le riche citadin des villes. L'harmonie et la concorde règnent partout ; la joie s'épanouit sur tous les visages ; l'allégresse est universelle.

Ce jour-là aussi, la messe et le service religieux sont célébrés gratuitement ; les enfants des écoles et les maîtres chantent des cantiques ; les offrandes ont un but tout spécial, l'ornementation de l'autel du bon patron ; et nulle parole outrageante ne vient attrister ce beau jour.

Après la cérémonie, le roi conduit ses sujets à un banquet monstre préparé, à tour de rôle chaque année, dans un des hôtels du bourg.

L'année 1872, le festin, sous le règne de Tabourier de la Chambonnière, eut lieu chez M. Robert.

Cette année 1873, M. le comte de La Poèze inaugurera son règne chez M. Hérin Antoine.

Les compliments, les bons mots, les chants égaient le dîner toujours très-gai et même bruyant sans pourtant jamais dégénérer en orgie.

Curés. — La commune est administrée sous le rapport religieux par un desservant.

On ignore les noms des curés avant 1594, date des plus anciennes archives de la commune. Le premier est Collet, qui succéda à Jean April et fonctionna de 1594 à 1616. — René Barbot, de 1616 à

1624. — Mathurin Moriceau, de 1623 à 1651. — Laurent Coueffart, de 1651 à 1662. — Urbain Caillaut, de 1662 à 1675. — Sarion Pierre, de 1675 à 1676. — René Busson, de 1676 à 1698. — Cl. Deschamps, de 1698 à 1700. — C. Le Loix, de 1700 à 1703. — J.-B. Brichet, de 1703 à 1709. — Pierre Lebrun, de 1709 à 1715. — Jean Personne, de 1715 à 1750. — Renard, de 1750 à 1791. — Gaudin, de 1791 à 1818. — Interruption de deux ans. — Brossard, de 1820 à 1829. — Autre interruption de 3 ans. — Coypel, de 1831 à 1859. — Rabigot, de 1859 à 1868. — Ménard, 1868, titulaire actuel.

Les principaux vicaires sont : René Barbot, 1594. — Jehan Fondrève et Jehan Guard, 1618. — Gervaise Henri, 1624. — Fortin Michel, 1625. — Vallays, 1632. — Urbain Caillaut, 1653. — Fouzil Mathieu, 1663. — Bussonnais, 1672. — Billot, 1676. — Rocher, 1681. — Couëtil, 1688. — Allaine, 1701. — Moulard, 1703. — Havan, 1705. — Chicoine, 1709. — Dagonneau, 1712. — Foucault, 1714. — Verrier, 1719. — Lamothe, 1720 à 1750. — Fontaine, 1756. — Alloyau, 1758. — Riverain, 1782 à 1789, dernier vicaire de Broc.

On voit figurer dans les actes, de 1610 à 1646, Jean Beulay, chapelain de la chapelle Sainte-Catherine, du château de Lizardière, et comme chapelains de la chapelle Saint-Jacques du château de Meaulne, Delaunay, 1625. — Robin, 1653. — Chollet, 1663. — Pézé, 1686.

L'histoire ecclésiastique considérée au point de vue historique, nous offre un intérêt tout particulier. C'est par les écrits du clergé que nous sommes parvenus à reconstituer l'histoire de notre pays et à présenter le tableau chronologique des principaux événements.

Ces écrits qui nous font revivre avec le passé, nous inspirent une profonde reconnaissance pour leurs auteurs.

Parmi les personnages les plus distingués on remarque : — René Barbot, chapelain, curé, puis prieur de Broc, inhumé le 25 juillet 1624, près la croix orée du cimetière. — Mathurin Moriceau, curé de Broc, chapelain de Saint-Roch et de la chapelle Saint-Sébastien de Marcilly, prieur de Raillon, inhumé le 27 juillet 1651. Il exerça le sacerdoce, pendant 28 ans, à Broc. C'est ce vénérable curé qui reçut l'abjuration de François des Hommes, seigneur de la Marquisière, le 4 juillet 1635. — Messire Jean Beulay, prieur et chapelain de la chapelle Sainte-Catherine de Lizardière, inhumé en l'église de Broc, le 18 février 1682, au-dessous du crucifix, devant l'autel Saint-Nicolas. — Le savant Paul Chauchon, du diocèse d'Arles, abbé commandataire de Notre-Dame de Vaas, en Touraine, seigneur haut-justicier de la paroisse et seigneurie de ce nom, commandeur des ordres de Saint-Lazare et de Notre-Dame du Mont-Carmel, ancien aumônier de Monseigneur le duc d'Orléans, premier prince du sang, habita, de 1752 à 1764, le prieuré de Broc. On attribue à cet abbé plusieurs ouvrages qui nous sont inconnus : l'un sur le secret, un autre contenant une description du collége de La Flèche.— Le curé Busson René, qui eut, en 1698, la joie de voir baptiser deux cloches pour son église. — Le curé Renard, noble et pieux vieillard qui eut la douleur de voir son église profanée, et, proscrit, errant, fugitif, victime des fureurs révolutionnaires, alla mourir en 1793 dans un obscur réduit du château de la cour de Broc, où de braves gens le tenaient caché. — Le vénéré Martinien de la Fosse, le père Benoist Petiteau, le frère Richard Parisot, du couvent des Récollets du Lude, fondé par la famille de Daillon, habitèrent successivement, de 1750 à 1790, le presbytère de Broc, appartenant aujourd'hui à Madame veuve Gasnier. Cette demeure, vendue en 1793 comme bien national, fut achetée par M. Gaudin, pour la somme de 2,000 francs d'assignats et léguée à la mort du propriétaire à Madame Gasnier. — Le curé Coypel, homme aussi distingué par les connaissances que par l'esprit naturel, qui fit plusieurs legs importants à l'église et au presbytère. —M. Rabigot, qui consacra les deniers de la fabrique aux premières restaurations de l'église entièrement délaissées depuis de longues années. Ce fut lui qui procura le grand autel, le chemin de croix, le lustre, le dais et les plus beaux ornements. Dès le jour de son installation et souvent du haut de la chaire, il avait promis de donner une seconde cloche, malheureusement cette bonne promesse ne se réalisa pas. — M. Ménard continue aujourd'hui l'œuvre de ses prédécesseurs. Par ses bons soins et sa rare sagacité dans les affaires, il a réparé, sculpté, peint et refait les bancs, les murs, la chaire, les autels et les ornements de son église, augmenté de plus de 300 francs les revenus de la fabrique, et rétabli pour ses pauvres des fondations ensevelies dans l'oubli depuis plus de trente ans.

Prieuré. — Broc possédait aussi un prieuré qui fut constitué en même temps que l'église, au profit de l'abbaye de la Trinité de Vendôme, et auquel étaient annexés un grand nombre d'importants bénéfices. Il possédait presque toutes les terres et les bois qui s'étendent de Bouchet au Gué-des-Perriers. Un décret épiscopal l'a réuni, en 1741, au séminaire Saint-Charles d'Angers. Il fut acheté par Dupont, receveur municipal, en 1791, puis vendu à M. le curé Rabigot. La fabrique de l'église en est aujourd'hui propriétaire et l'a mis au service de la commune, pour établir les écoles communales et la mairie.

L'écusson du prieur se voit sur la voûte de la troisième travée de l'église : il porte de sinople *à cœur d'or traversé d'une flèche de même, bordé d'un turban de gueules enroulé, broché d'or.*

Les principaux prieurs sont : René Barbot, 1614. — Eustache Faucheux, 1624. — René Fortin, 1625. — Sevau, 1646. — Caillaut, 1651. — Sarion, 1676. — Rocher, 1681.

Chapelle Saint-Louis. — Au lieu de la Roche, à 300 mètres ouest de l'église, à côté des ruines de l'ancien castel de ce nom, s'élève la petite chapelle dédiée à saint Louis, roi de France. Elle fut bâtie, vers l'an 1815, par Madame de Nau, et restaurée, en 1865, par Madame Godefroy, présidente de la souscription, ouverte à ce sujet. Cette chapelle n'offre rien de particulier que la statue très-antique du roi saint Louis, et la cérémonie qui s'y fait le jour de l'Assomption.

Chapelle Saint-Lambert.—A l'extrémité opposée de la commune, se trouve une autre chapelle en grande vénération. Cette chapelle, célèbre par de nombreux pèlerinages et des cures miraculeuses, est dédiée à saint Lambert, évêque de Maestricht. Elle fut bâtie, en 1603, par François de Broc, chevalier de l'ordre du Saint-Esprit, et par sa mère Louise de Lavardin, épouse de Mathurin de Broc, sur l'emplacement d'une ancienne chapelle servant aux cérémonies des inhumations qui s'accomplissaient en ce lieu, comme le prouve la grande quantité d'ossements trouvés dans le sol qui l'entoure.

Cette chapelle ne répond pas à la dévotion des fidèles ; on remarque les deux statues de saint Lambert et de saint Sébastien, représentant les premiers efforts d'imagination d'un statuaire novice, et un beau Christ en bois, curieusement sculpté.

Les armoiries de Broc et de Lavardin sont gravées sur le portail.

HISTOIRE CIVILE.

La commune est administrée civilement par un maire, un adjoint et douze conseillers municipaux.

Maires : Louis Baudry, 1790. — Jacques Dupont, 1er messidor an VIII. — Joseph Besnard, 7 décembre 1815. — Houssier, 25 mars 1821. — René Leroy, 23 janvier 1826. — François Coudray, 15 janvier 1835. — Jean Hérin, 13 août 1840. — Joseph Gasnier, 28 août 1848. — De La Poèze, 7 février 1854. — Jacques Coudray, 1870. — De La Poèze, 1872, encore en fonctions (archives communales).

La commune relève du bureau de poste de Noyant et de la perception de Chigné.

Les seigneurs de Broc relevaient à foi et hommage du Lude.

Le Lude présentait à une chapellenie de la paroisse de Broc.

« La paroisse dépendait de l'archiprêtré du Lude, pour partie des sénéchaussées de La Flèche et de Baugé, du grenier à sel du Lude, de l'élection de Baugé, du district, en 1788, de Château-la-Vallière; en 1790, de Baugé. » (Port, *Dictionnaire historique*, page 517.)

L'assemblée se tient le premier dimanche de juin. Elle était autrefois très-importante ; les domestiques s'y rendaient de toutes les paroisses environnantes pour se louer.

Par autres lettres patentes du mois de juillet 1636, Louis XIII établit un marché par semaine et quatre foires par an dans le bourg de Broc. Aujourd'hui la commune est en instance pour rétablir le marché.

En mai et juillet 1605, une contagion ravage la paroisse et enlève une grande partie des habitants. (Port.)

Le 8 juillet 1775, le bailli Damours rend et fait publier une ordonnance sur le glanage, par laquelle défense est faite aux laboureurs d'en priver le pauvre.

En 1792, le sieur Diotte, percepteur à Denezé, venait tous les dimanches à Broc, où, du haut de la chaire de vérité, il fulminait des discours furibonds contre les prêtres et les aristocrates.

En 1793, une bande de républicains, composée des ouvriers des Hauts-Fourneaux et autres gens mal-famés de Château-la-Vallière, au nombre de cinq à six cents, se ruèrent sur le château de Meaulne, tuèrent le chien, fouillèrent le château, se gorgèrent de vin et mirent le feu à cette belle résidence qui fut entièrement consumée.

D'après plusieurs auteurs, et notamment d'après Louis Trincant, il appert que c'était dans ce château que se trouvait le dépôt des archives concernant les titres et les droits seigneuriaux de la noblesse du pays. En brûlant cet intéressant chartrier, les forgerons de Château-la-Vallière furent les instruments des ennemis de la noblesse qui, non contents d'en détruire les privilèges, cherchèrent, par cette œuvre de vandalisme, à en effacer le souvenir.

M. et Mme de Nau, surpris dans leur château par les incendiaires, n'eurent que le temps de se cacher dans une des caves en tuffeau des environs, d'où ils assistèrent à la destruction de leur magnifique demeure, dont plusieurs habitants de la contrée en parlent encore avec admiration.

Le trois frimaire an VIII, les Chouans, sous les ordres de Henri-René-Bernard de la Frégeollière, passèrent par le village, établirent un poste dans le clocher qu'ils crénelèrent, firent main basse sur les provisions : foins, vaches, avoines; mirent en réquisition tous les jeunes gens, puis se dirigèrent sur le Lude dont ils s'emparèrent. Le fameux Jean Chatelain, dit *Tranquille,* signalé à l'empire pour avoir tenu, en l'an XII, des conciliabules au bourg de Broc, les accompagnait.

Le 15 mai 1816, les frères Salmon, impliqués, avec plusieurs autres personnages de Broc, dans la fameuse conspiration de la bande des *Vautours de Bonaparte*, ainsi nommés parce qu'ils se réunissaient dans les grottes de Chéret, sous la montagne dite des Vautours (Sarthe), sont condamnés à trois mois de prison, par la cour prévôtale siégeant dans l'ancien couvent des Récollets du Lude et présidée par le grand prévôt, de Vaniose. Sept de leurs malheureux compagnons sont condamnés à mort et dix-huit à différentes autres peines. Quatre furent exécutés au Lude, le 28 septembre de la même année.

Le 18 mars 1850, les landes du Pau-d'Ardennes sont complétement consumées par un incendie allumé par des bergers.

C'est au Pau-d'Ardennes, lieu désert et inculte, que la justice seigneuriale faisait exécuter ses arrêts.

Parmi les notabilités importantes, autres que les familles seigneuriales, on distingue :

Gasse André, sergent en 1805, qui remplit les fonctions d'adjoint au maire pendant douze ans.

Fouquereau, chirurgien habile, qui devint chef de bataillon et périt dans les guerres de la Vendée.

Bidault, ancien colonel, propriétaire du manoir de la Touche, décédé en 1780.

Florent Branchu, médecin et chirurgien, décédé à Broc le 11 août 1761. Ce fut un homme très-distingué et habile dans son art. Il habitait le bourg de Broc au lieu dit *le Petit-Bénéfice.* La cheminée de son cabinet de travail qui nous a été conservée, est décorée de peintures gracieuses et très-originales, représentant des sujets d'histoire naturelle. En est propriétaire, Jacques Coudray, ex-maire, conseiller municipal, et président du conseil de fabrique de l'église de Broc.

Coudray François, dont les états de service se résument ainsi : Engagé volontaire au 102e régiment, le 5 nivôse an XII; grenadier, 11 vendémiaire an XIII; caporal, 21 mai 1807; caporal de grenadier, 26 juillet 1807; sergent, 11 août 1809; sergent de grenadier, 24 août 1810; sous-lieutenant, 5 février 1813; lieutenant, 20 décembre 1813. Total des services : 10 ans, 6 mois et 15 jours. Il fit partie de toutes les campagnes de l'an XIV, de l'armée d'Italie en 1806, de Naples en 1809, d'Italie et d'Espagne de 1810 à 1814. Il fut blessé à la cuisse gauche, le 5 juillet 1809, à la bataille de Wagram, et au côté droit, le 14 juin 1809, à Raab, et décoré de la Légion-d'Honneur.

Rentré dans ses foyers, il remplit les fonctions de chef de bataillon de la garde nationale pendant trois ans, celle de maire pendant six ans, et mourut le 10 septembre 1857, âgé de 74 ans. Il fut inhumé dans le cimetière de Broc.

ÉTABLISSEMENTS PUBLICS.

Presbytère. — La commnne a acquis, en 1821, la maison du médecin Fouquereau qu'elle fit réparer, puis démolir, pour reconstruire, en 1860, le beau presbytère actuel. Le portail de la porte d'entrée porte à son frontispice les armes de la maison de Broc, sculptées par Baube Arsène en 1873. Un grand jardin avec une jolie tonnelle, entoure ce bâtiment.

Cimetière. — La suppression en 1860 de l'ancien cimetière attenant à l'église, qui entravait la circulation, a créé une belle et grande place avec mail et fontaine, qui a transformé complétement le bourg. Le nouveau cimetière, d'une superficie de 1,040 mètres carrés, est situé au nord et hors du bourg, sur la route du Lude.

Une délibération approuvée le 3 juin 1872, accorde des concessions pour fondations de sépultures privées.

Bureau de bienfaisance. — Le bureau de bienfaisance fut constitué par ordonnance royale du 23 avril 1824, pour la gestion des legs faits par Mme Athénaïs-Anne-Marie-Louise-Françoise Belin de Langlotière, veuve de Henri-Louis de Nau, dans son testament du 3 avril 1824.

Les donations de Mme de Nau consistaient en trois rentes en nature, annuelles et perpétuelles, en faveur des pauvres de la commune de Broc.

Elle donnait : 1o 250 kilogrammes de pain, chaque année, pour être distribués les jours où seront célébrés cinq services pour les familles Belin et de Nau ; 2o 60 kilogrammes de pain pour chaque dimanche, depuis Noël jusqu'à Pâques inclusivement, ce qui fait environ 1,020 kilogrammes pour ladite rente ; 3o trois charretées de bois de chauffage pour chaque année, estimées, d'après les mesures actuelles, 14 stères, 4 dixièmes. Ces distributions se font régulièrement et conformément aux intentions de la donatrice.

Fabrique de l'église. — La fabrique de l'église de Broc jouit d'un revenu annuel de 1,000 francs.

Parmi ses bienfaiteurs, on distingue Pierre-Martin Coypel qui, par testament du 26 mars 1860, lui donna plusieurs parcelles de pré et de terres labourables d'une étendue de quatre hectares et demi. Grâce à cette libéralité, le conseil de fabrique trouve aisément les ressources nécessaires aux frais du culte et à l'ornementation de l'édifice religieux.

La fabrique possède encore le prieuré, par acquisition du 13 juin 1870. En cédant cet édifice à la commune pour y installer gratuitement les écoles et la mairie, à la simple condition de donner à titre de subvention une somme de 200 francs à la pharmacie des pauvres, elle a préparé les voies à la charité pour une longue suite de bienfaits futurs.

Instruction primaire. — L'instruction primaire est représentée par deux écoles communales installées, avec la mairie et le bureau de charité, dans l'ancien prieuré. Ce bâtiment, attenant à l'église, possède deux jardins, deux cours spacieuses, et remplit parfaitement le but de sa destination. Les appartements habités par les titulaires sont tous pourvus de mobiliers achetés par la commune.

L'école des filles établie depuis 1869, est dirigée par deux sœurs de l'ordre de la Providence fondé en 1704, à Saumur, en Anjou, par la bienheureuse Jeanne de La Noue, morte en odeur de sainteté le 17 août 1736, à l'âge de 70 ans. L'une dirige la classe et l'autre s'occupe spécialement des malades et des pauvres.

L'école des garçons est dirigée par un instituteur laïque.

L'établissement véritable et permanent de l'école date de 1832 et fut érigé en vertu de la loi sur l'instruction primaire.

C'est depuis cette époque jusqu'à 1850 que nous voyons fonctionner un comité local de trois membres nommés par le sous-préfet, d'après la décision du comité supérieur de l'instruction primaire.

Etaient du comité local : Gasnier, Besnard,

Leroy, 1846. — Douaire, en 1848. — Coudray, Besnard, Leroy, en 1849.

Mais bien avant 1832, avant 1790, une fondation ancienne y avait établi un petit collége sous la direction du curé, et plus tard des hommes dévoués se consacraient, l'hiver, pour un mince salaire, à développer les intelligences. La position de ces généreux pionniers ne serait guère enviée de nos jours. Ils se rendaient à tour de rôle chez les habitants les plus aisés, y faisaient classe pendant huit jours et vivaient en commun avec la famille de l'hôte qui les logeait et les hébergeait pour toute rémunération. Cette vie durait autant que la mauvaise saison. Au printemps chacun reprenait sa bêche et sa charrue.

Le plus ancien instituteur connu est le bon curé Vannier, dont la mémoire n'est pas encore oubliée. Il vivait à Broc où il s'était retiré, et donnait gratis ses leçons d'alphabet dans la modeste chambre qu'il habitait. Puis vinrent Baudry, 1805 à 1810. — Oreau, 1810 à 1814. — Frémon, 1814 à 1816. — Péchot, 1816 à 1823. — Telly, manchot et ancien gendarme, 1823 à 1825. — Mercier, 1825 à 1832. — Lange, 1832 à 1854. — Talluau, 1854 à 1855. — Gloton, 1855 à 1860. — Glotin, 1860 à 1870. — Linée, 1870 à 1872. — Marchal, 1872, actuellement en fonctions.

Un cours d'adultes est établi depuis trois ans et reçoit une moyenne de vingt élèves.

La moyenne du nombre des enfants qui ont fréquenté les écoles est de trente pour chaque classe.

Les progrès de l'instruction sont très-lents à Broc.

Le maire Coudray a constaté dans une enquète faite en 1841, que sur 769 habitants il y en avait 565 qui ne savaient point signer leur nom.

Les registres de l'état civil, dans la période de 1850 à 1870, attestent que sur 111 actes de mariage, il y a 64 hommes et 94 femmes incapables de donner leur signature, 37 hommes et 17 femmes seulement ont pu signer.

Dans une autre période de dix ans, de 1860 à 1870, sur 90 conscrits, il est constaté, dans les tableaux de recensement, que 34 d'entre eux ne savaient ni lire ni écrire.

Aujourd'hui les jeunes gens de la commune, sauf les étrangers, sont à la hauteur du progrès, mais loin encore de ce qu'on peut appeler une bonne instruction primaire.

Plusieurs circonstances fâcheuses, inhérentes à la localité, nuiront toujours au développement de l'instruction.

Une entre autres et sans contredit la plus pénible, est la distance des fermes au chef-lieu de la commune.

On comprend qu'il est dangereux d'envoyer seuls à l'école de jeunes enfants, dont la pluspart ont de 4 à 6 kilomètres de chemin à parcourir. Il faut attendre, comme on le fait, l'âge de huit à neuf ans.

Cependant ce retard serait bientôt réparé, l'enfant à cet âge apprend mieux et sa mémoire retient plus facilement ce qu'on lui enseigne, si les parents n'apportaient eux-mêmes des entraves à la fréquentation régulière des classes.

Depuis quelques années, l'agriculture se trouve dans un grand embarras. Les villes, les chemins de fer, l'industrie, le commerce, l'armée, ont accaparé la portion la plus virile et la plus intelligente des campagnes, et les ont privées des bras nécessaires à leur prospérité. Le nombre des ouvriers restant est loin de suffire aux travaux de la ferme ; les salaires ont doublé, triplé, et augmenté dans une proportion effrayante, et le cultivateur qui voit le bilan de ses opérations de chaque année se balancer par un déficit, emploie tous les moyens, même ceux à son détriment, pour arriver à joindre les deux bouts.

Aujourd'hui les enfants prennent la place des domestiques et des journaliers pour le service de la pâture et du labourage, et ne rentrent à l'école qu'après la Toussaint, pour en sortir aux premiers beaux jours. Avec cette manière d'agir, il est aisé de préjuger quel degré d'instruction peut acquérir un enfant qui, dans une période de trois ans, aura fréquenté irrégulièrement les classes pendant dix-huit mois.

Position géographique. — La commune de Broc. comprise anciennement dans la province d'Anjou, fait partie du canton de Noyant (11 kilomètres), de l'arrondissement de Baugé (28 kilomètres), et du département de Maine-et-Loire (Angers, préfecture, 70 kilomètres). Elle est située aux confins du département, à 8 kilomètres du Lude, et se trouve placée entre les 46° 59' de latitude septentrionale et 2° 7' à l'est du méridien de l'observatoire de Paris.

Elle borne les deux départements de la Sarthe et d'Indre-et-Loire et a pour limites, à l'est, les communes de Marcilly, de Villiers-au-Boin et de la Chapelle-aux-Choux ; au couchant, celles de Chigné et de Dissé ; au nord, celle du Lude ; au midi, celle de Châlonnes-sous-le-Lude.

Sa plus grande longueur, de l'est à l'ouest, c'est-à-dire de la pointe qui sépare les communes de Marcilly et de Villiers, au Gué-des-Perriers, est de 6 kilomètres et demi, et sa plus grande largeur, du nord au sud, de la pointe des Grandes-Métairies à la ligne qui coupe la route du Lude à la Godefrairie, est de 5 kilométres et demi.

Cadastre. — La commune offre une superficie de 21,238,755 mètres carrés.

D'après les données officielles du cadastre, la surface du sol est subdivisée de la manière suivante : terres labour., 11,045,110 m. q., divisées en 5 classes, évaluées à 15, 12, 8, 4 50 et 2 francs. — Jardins, 343,730 m. q., en 2 classes, à 18 et 15 francs. — Vignes, 435,540 m. q., en 3 classes, à 9, 5 et 2 francs. — Prés, 920,220 m. q., en 5 classes, à 36, 24, 15, 8 et 4 francs. — Bois futais, 18,100 m. q., en 2 classes, à 10 et 8 francs. — Bois taillis, 4,060,540 m. q., en 4 classes, à 10, 7, 4 et 2 francs. — Châtaigneraies, 112,580 m. q., en 2 classes, à 12 et 9 francs. — Sapinières, 294,770 m. q., en 2 classes, à 6 et 4 francs. — Broussailles, 18,595 m. q., en 1 classe, à 0,75 centimes. — Landes, 3,104,670 m. q., en 3 classes, à 4, 3 et 2 francs. — Douves, 8,180 m. q., en 1 classe, à 2 francs. — Sol des propriétés bâties, 105,350 m. q., en 1 classe, à 15 francs. — Obj. nom imp. : Eglise, cimetière, 620,680 m. q. — Chemins et places publiques, 83,890 m. q. — Cours d'eau, 688 m. q. — La commune compte aujourd'hui 8 hectares de vignes en plus, et plus de 150 hectares de broussailles et de landes en moins.

Le revenu territorial est évalué à 18,726 francs 97 centimes.

Population. — Le bourg de Broc, situé vers l'extrémité occidentale de la commune, entre la rivière de la Marconne et le ruisseau de Meaulne, sur un plateau où s'entrecroisent, près l'église, les routes de Bourgueil au Lude et de Meaulne à Durtal, est composé de 78 ménages et de 79 maisons la plupart toutes neuves et de jolie apparence.

En dépendent les hameaux de la Touche (6 maisons), de la Blandinière (4 maisons), de Bois-Rimes (4 maisons), de Cormeray (5 maisons), de la Grosserie (7 maisons), du Bouchet (4 maisons), de la Robinière (4 maisons), de la Retaudière (6 maisons), des Roberdries (3 maisons), de la Boulaie (3 maisons), des Fergons (3 maisons), de la Pinière (3 maisons), de la Marquisière (2 maisons) ; le château de Meaulne (à 3 kilomètres) et 110 fermes ou écarts.

Le nombre des maisons est de 253, dont 45 à une ouverture, 113 à 2 ouvertures, 52 à 3 ouvertures, 29 à 4 ouvertures, et 14 à étages : total ; 543 ouvertures ; revenu, 1,323 francs.

La population de la commune était de 544 habitants en 1726. — 170 feux en 1788. — De 804 habitants en 1790. — De 769 habitants en 1831. — De 807 habitants en 1841. — De 782 habitants en 1851. — De 740 habitants en 1861. — De 742 habitants en 1866. — De 738 habitants en 1872, dont 210 habitants au bourg. — Cette décroissance de population est causée par les fermes que M. de La Poèze et M. Douaire ont supprimées sur leurs propriétés.

On compte 234 électeurs, 173 garçons, 172 hommes mariés, 10 veufs, 170 filles, 172 femmes mariées et 41 veuves ; 60 familles de fermiers, 30 de colons ou métayers, 77 de journaliers et ouvriers agricoles de toute nature, et 14 de propriétaires vivant notoirement du produit de la location de leurs immeubles ruraux.

Mouvement décennal. — De 1802 à 1813 inclusivement : Mariages, 60; naissances, 257; décès, 107. — De 1813 à 1823, mariages, 128; naissances, 217; décès, 142. — De 1823 à 1833, mariages, 61; naissances, 248; décès, 141. — De 1833 à 1843, mariages, 98; naissances, 225; décès, 284. — De 1843 à 1853, mariages, 97; naissances, 152; décès, 127. — De 1853 à 1863, mariages, 122; naissances, 182; décès, 167. — De 1863 à 1873, mariages, 55; naissances, 194; décès, 171.

L'excédant des naissances sur les décès est de 336 ou de 1 4/11.

La durée moyenne de la vie à Broc, d'après les 322 décès inscrits de l'an 1850 à 1870, c'est-à-dire dans une période de 20 ans, s'est élevée à un minimum de 42 ans. Mais si on retranche les 71 enfants qui ont vécu moins d'un an et qui selon toute apparence ne sont point nés viables, et les 11 soldats morts à l'armée, on arrive comme chiffre minimum à une moyenne de 56 ans.

Professions. — Les diverses professions exercées dans la commune sont assez variées. On compte : 2 charrons, 2 forgerons, 3 saboliers, 4 cordonniers, 4 charpentiers, 2 menuisiers, 10 chaufourniers, 10 carriers, 8 maçons, 2 aubergistes, 2 épiciers, 1 débitant de tabac, 2 moulins à farine, 1 moulin à huile.

Contributions. — Le nombre des habitants de

Broc imposés à la contribution personnelle est de 193, et celui des prestataires de 176.

Le rôle des prestations pour 1874 s'élève à la somme de 1,574 fr. 40 cent., subdivisée ainsi : hommes, 528 journées, 660 fr. — Chevaux', 345 journées, 431 fr. 25 cent. — Bœufs, 54 journées, 32 fr. 40 cent. — Vaches, 54 journées, 27 fr. — Anes, 45 journées, 22 fr. 50 cent. — Voitures d'ânes, 30 journées, 15 fr. — Autres voitures, 109 journées, 386 fr. 25 cent.

Les rôles des quatre contributions directes pour l'année 1873, s'élèvent à la somme de 9,486 fr. 10 cent. Dans cette somme, la contribution foncière est comprise pour 4,000 fr., la personnelle et mobilière pour 627 fr., les portes et fenêtres pour 283 fr., et les patentes pour 211 fr. 20 cent.

Le total des quatre contributions est de 5,121 fr. 20 cent., et c'est sur cette somme que s'établissent les centimes additionnels votés par l'Etat, le département et les communes.

Les dépenses du budget s'élèvent, année moyenne, à 6,000 francs.

La commune n'a aucune ressource et ne balance ses dépenses qu'avec les centimes additionnels et les secours qui lui sont octroyés par l'Etat et par le département.

Les principales impositions communales sont celles de 1833 (20 centimes pendant 3 ans pour construction du presbytère), de 1870 (12 centimes pendant 5 ans pour payer les effets de la garde nationale mobilisée), de 1873 (5 centimes pendant 30 ans pour construction du chemin de Ternant).

Animaux domestiques. — Sous le rapport des animaux domestiques, le recensement de 1872 annonce 149 chevaux, 9 ânes, 665 bêtes à cornes, 157 moutons, 596 porcs, 118 chèvres, 113 oies, 75 canards, 814 poules, 30 pigeons, 60 chiens.

Il y a progrès dans l'élève du bétail, comparativement à la statistique de l'année 1836, qui suit : chevaux, 47; ânes, 9; bêtes à cornes, 457; moutons, 542; porc, 373; chèvres, 126.

Routes. — La longueur des routes nationales, départementales et stratégiques, sur la présente commune, est de 21,751 mètres.

La longueur des chemins ruraux est de plus de 30,000 mètres.

Les routes de Broc sont classées ainsi :

1° Le chemin de grande communication n° 36, de Bourgueil au Lude.........	2,500 mètres.
2° Le chemin d'intérêt commun n° 31, de Dissé à Marcilly. 3° Le chemin d'intérêt commun n° 38, de Meaulne à Durtal et Villiers..................	12,751
4° Le chemin vicinal n° 4, de Broc à Ternant............	4,000
5° La route nationale de Tours à Rennes..........................	2,500

Relief. — *Bassin.* — *Cours d'eau.* — Broc n'a pas une physionomie caractérisée par de grands accidents de terrains. Le sol très-ondulé présente, à l'est et à l'ouest, deux grands plateaux séparés par la rivière de Meaulne, seul cours d'eau important figurant en quelque sorte l'axe de la commune, et partageant son territoire en deux parties presque égales, pour former une belle vallée flanquée parallèlement de petits vallons plus ou moins profonds, dont la ligne sommière va en s'abaissant graduellement, insensiblement du nord au sud, avec une pente de 10 mètres pour les plateaux et d'environ 40 mètres pour les vallées.

Des brisures allant de l'ouest à l'est, ondulent ces lignes pour former de petites vallées d'un ordre différent, par lesquelles s'opère l'écoulement des eaux, qui sont rassemblées dans la vallée principale.

La première ligne à gauche de la rivière de Meaulne est formée par les vallons de la Godefrairie, de la Cave-Noire, de la Roche Saint-Lambert, de la Beunerie et du Gravier de Meaulne.

Les points culminants sont la Crénérie, 116 mètres d'altitude. — L'Ormeau-Morisson, 108 mètres. — La Chaloisière, 99 mètres. — Le sommet de Ternant, 98 mètres. — Le Gravier de Meaulne, 89 mètres. — Le Mortier-Guérin, 87 mètres. — Bouchet, 71 mètres. — Le Gué-des-Perriers et la Chicaudière, 60 mètres.

La seconde ligne à droite de la rivière, s'étendant

de Broc à la Chapelle-aux-Choux, comprend les hameaux de la Retaudière, du Plessis, de la Cave de Meaulne, de la Grosserie, de la Chambonnière, et n'offre rien de particulier.

La rivière de Meaulne. — La rivière de Meaulne, qui passe à 2,800 mètres est du bourg de Broc, a sa source principale dans les étangs du Vivier-de-Loindes, près de Courcelles (Indre-et-Loire), et son affluent dans un étang près de Saint-Laurent-de-Lin, en Touraine. Elle coule du sud-est au nord, arrose Braye, Marcilly, Broc, rassemble les eaux de la Beunerie, de la Cave-Noire et de la Godefrairie, et va se jeter dans le Loir à 1,500 mètres ouest du bourg de la Chapelle-aux-Choux, après avoir traversé la vallée de Meaulne depuis le Gué-du-Perray jusqu'aux ruines du moulin de Niabète, ou *Nid-à-bêtes,* d'après son étymologie.

Son cours est de 25 kilomètres, dont 5 sur Broc, et fait mouvoir un grand nombre de moulins, dont deux sur la commune : ceux de Ricordeau et de Gouilleau.

Presque à sec pendant les grandes chaleurs, cette rivière devient un torrent impétueux dans la saison des pluies et inonde une grande partie de la vallée.

Les principaux poissons qu'on y pêche sont ; les carpes, les perches, les brochets, les anguilles, les gardons, les brèmes.

Les Martinières. — Le ruisseau des Martinières prend naissance dans les sapinières du Pau-d'Ardennes, coule à l'est, arrose le vallon de la Cave-Noire, et va se perdre dans la rivière de Meaulne, à Gouilleau. Son cours est de 2,000 mètres.

La Grésille. — Un autre petit ruisseau. La Grésille prend sa source à 500 mètres ouest du bourg de Broc, coule à l'ouest sur un fond argileux et va se jeter dans la Marconne, après un cours de 700 mètres. Il n'offre rien de remarquable, sinon les écrevisses qu'on y pêche en quantité, bien qu'il soit presque à sec pendant les trois quarts de l'année.

Outre l'hydrographie apparente, j'ai reconnu une espèce de courant souterrain en forme de petite nappe d'eau coulant sur l'argile, à quelques mètres de la surface. Il prend sa source près de la Chaloisière, se dirige du nord-est au sud-ouest, traverse la route de Ternant, à 150 mètres de la Touche, passe au nord du bourg de Broc à 60 mètres nord de la maison Cador, et va alimenter une douve servant autrefois de réservoir à une ancienne tannerie qui a laissé son nom au champ de M. Ridereau. Cette fontaine donne naissance au ruisseau de la Grésille.

L'origine de ce courant est due à la perméabilité des sables siliceux, qui laissent filtrer les eaux des pluies à une grande profondeur.

La seule source vraiment curieuse connue, est celle qui se trouve près de la naissance du ruisseau de la Grésille, dont les eaux ont la propriété de recouvrir d'une incrustation calcaire les corps qui s'y trouvent plongés.

Climat. — Température. — Le climat de Broc est doux et salubre, grâce surtout aux plantations de pins qui couronnent et embellissent les hauteurs, tout en purifiant l'atmosphère de ses miasmes délétères et contagieux. La température y est peu variée. L'exposition méridionale du territoire, avec une pente assez prononcée vers le sud-ouest, dispose les terres à recevoir l'heureuse influence des vents chauds et humides de l'ouest, qui viennent tempérer les froids de l'hiver et les chaleurs de l'été.

Le vent le plus pernicieux est celui du nord-ouest, appelé *Galerne* dans le pays ; il flétrit et dessèche complétement la végétation ; heureusement ses apparitions sont rares et durent peu.

Les hivers les plus célèbres sont ceux de 1709, 1776, 1783, 1788, 1794, 1820 et 1828.

Dans l'hiver de 1828, qui porte encore le nom de *Grand Hiver*, la gelée commença le jour de la Toussaint et finit à la Chandeleur. Les arbres portent encore aujourd'hui les stigmates de cette rigueur inouïe. Presque tous sont fendillés et attestent la dilatation effroyable qu'ils ont subie.

Le 30 juin 1851, après une sécheresse de deux mois et demi, un orage épouvantable vient s'abattre sur la commune et en ravage toutes les propriétés. Il tombe pendant trente minutes des grêlons gros comme des œufs de pigeons, qui foulent toutes les récoltes. Cette horrible tempête, mêlée d'une pluie torrentielle et d'un vent impétueux qui brise, renverse et déracine les arbres, dure de cinq heures à sept heures du soir.

Les pertes, d'après MM. Gasnier, Coudray et Besnard, commissaires-enquêteurs, sont évaluées à la somme de 18,262 francs 99 centimes.

Le 21 décembre 1853, la neige commence à tomber en gros flocons et continue ainsi jusqu'au 3 janvier. Son épaisseur en rase campagne est alors de 80 centimètres, et présente parfois des masses effrayantes de huit à dix mètres de hauteur dans les endroits où elle s'est amoncelée sous les efforts du vent. Le 4 janvier, le ciel étant redevenu serein, le froid est tellement intense qu'en moins de deux jours toutes les rivières sont gelées et la campagne entière recouverte d'une couche de glace. Les arbres qui n'ont pu secouer leurs rameaux chargés de neige présentent alors un curieux et bizarre aspect. Ils ressemblent tantôt à des fantômes monstrueux, tantôt à l'arbre mystérieux des légendes finlandaises, selon que les brouillards les tiennent enveloppés de leurs épaisses vapeurs, ou que les rayons solaires les fassent miroiter de mille feux diamantés.

Quelques jours après, les effluves méridionales adoucirent la température, les glaces et les neiges reprirent leur fluidité naturelle, la campagne apparut de nouveau dans son état normal, et il ne resta de cette merveilleuse épopée hyperboréenne qu'un vague souvenir qui se perd peu à peu.

Sol. — Sans entrer dans des longs détails sur cette partie géologique du pays que je me propose de traiter plus amplement avec la partie botanique, je dirai que la commune de Broc se trouve placée à l'extrême limite est des terrains tertiaires de MM. d'Orbigny, Vernes, Dufresnoy, Omalius d'Halloy et Elie de Beaumont.

C'est le commencement ou la fin des terrains compris dans la cinquième grande période du monde animé. Ils sont représentés à Broc par des sables, des grès, des silex, du calcaire d'eau douce, des nullipores, sans aucune apparence de coquillage. Ce terrain se rapporte au premier sous-étage inférieur, appelé *falunien inférieur* ou *terrain tongrien*. Il repose presque partout sur le terrain crétacé et forme une terre labourable d'assez bonne qualité, mais très-brûlante.

Ces terres lacustres qui composent le sol arable, sont un mélange de plusieurs terrains et présentent plusieurs formes distinctes, comme le calcaire, l'argile, le sable. Cependant ces formes ne constituent pas des étages, mais plutôt des bancs composés de débris mélangés des terrains contemporains et des diverses espèces de roches appartenant à des étages antérieurs remaniés ou roulés par les eaux.

Les argiles amendées par la chaux constituent la partie la plus grande et la plus productive du territoire ; elles sont particulièrement propres à la culture des céréales et des arbres fruitiers.

Les argiles couvrent les trois quarts de la surface de Broc; leur région s'étend et comprend tout l'Ormeau-Morisson, à partir du ruisseau de la Grésille, jusqu'au Pau-d'Ardennes, la Chaloisière et Meaulne.

La vallée de Meaulne, formée en entier par les alluvions de la rivière, est un mélange de cailloux roulés, d'argile et de limon. Les prés naturels de cette région forment une réserve importante dans l'alimentation des bestiaux.

Les hauteurs de la Rotaudière, du Plessis et de la Chambonnière, jusqu'à la Miltière, Bois-Rimes et le Point-du-Jour, sont chargés de cailloux roulés, empâtés dans une argile marine, mi-partie calcaire, formant la transition à tous les degrés des terrains secondaires aux terrains tertiaires.

Le terrain calcaire ne se montre dans toute sa pureté qu'aux environs du bourg. Sa surface n'est pas très-étendue ; elle comprend le bourg, la limite du calcaire d'eau douce et la partie que bornent les routes de Châlonnes, de Chigné et Bouchet.

Un banc de calcaire d'eau douce, de 2 mètres d'épaisseur, s'étend du hameau de la Touche jusqu'au delà de la ferme de Champ-de-Pierres, sur une surface de plus d'un kilomètre carré.

Le sable siliceux et le gravier forment une longue zone de la Coutancière au Gravier de Maulne, point culminant qui forme la ligne de démarcation des communes de Broc et de Châlonnes.

Ces divers terrains, tous un peu mélangés, sont favorables à toutes les cultures, principalement pour les bois, les vignes, les céréales, les légumes de toute espèce et les prairies artificielles.

La flore est riche en espèces rares et très-variées. Le nombre des individus peut s'élever de cinq à six mille.

Sous-sol. — Le sous-sol est formé d'une assise formidable de tuffeau et appartient dans son entier à l'étage turonien ou de Touraine, bien que le cénomanien et le sénonien apparaissent dans différents endroits. Cette formation représente la quatrième grande époque du monde animé. Elle est caractérisée principalement dans toutes les localités par l'*ostraca columba* (Desh.).

La composition de la craie-tuffeau, qui ne peut être convertie en chaux, ne diffère point des données prises ailleurs ; c'est un mélange micacé d'argile, de silice, de calcaire, avec petits grains de protoxyde de fer ; sa cassure est grenue, sa couleur blanche, jaunâtre ou grise, et souvent marquée de larges taches d'un jaune ferrugineux, provenant de la décomposition des petites pyrites globuleuses et compactes de fer sulfuré.

En examinant ces nodules de fer disséminées dans toute la masse de la roche et qui tendent pour la plupart à passer par épygénie à l'état de limonite (fer hydroxydé), sous l'apparence de laquelle on les rencontre fréquemment, on ne s'explique que par aggrégation le fait singulier, mystérieux, qui les a amenées à la place qu'elles occupent maintenant.

La quantité de ces rognons est insignifiante au point de vue industriel.

La géognosie de Broc, bien qu'elle offre beaucoup d'intérêt, ne renferme d'autres minéraux que ceux qu'on rencontre en amas, en grains et en dépôt dans les terrains modernes; les métaux en filons n'existent que dans les roches primitives ou ignées.

On trouve à Broc des grès quartzeux, le silex pyromaque avec alcions fossiles, des silex roulés, des argiles à briques, du minerai de fer, des pyrites, etc.

Industrie du tuffeau. — L'exploitation du tuffeau remonte à une époque fort reculée et se perd dans la nuit des temps. Si haut que remonte l'histoire, on voit ces collines inépuisables fournir des matériaux à toute la contrée. Partout la terre est minée, des cavités profondes, comblées pour la plupart, des galeries immenses et inconnues aujourd'hui, restant des carrières abandonnées, s'étendent, se croisent et s'enfoncent dans toutes les directions. On pénètre avec effroi dans ces souterrains humides et remplis d'une sombre horreur. Vous tremblez instinctivement à l'aspect de ce gouffre inconnu, noir et insondable, qui se présente à vos regards, non encore familiarisés avec les blafards et ternes reflets de la pâle lumière qui vous éclaire; vous respirez laborieusement une atmosphère lourde, impure, viciée, pleine de moisissure et d'âcres parfums qui vous serrent et étreignent la gorge comme les atteintes d'un pénible cauchemar. De temps à autre, vous rencontrez des masses énormes de chauves-souris suspendues en forme de cône aux parois des voûtes couvertes de milliers d'efflorescences diverses, formées par les nitrates de potasse, de calcium, de magnésie, suintant de tous côtés. Vous apercevez des restes informes d'outils rongés par la rouille, des niches creusées dans le roc, des colonnes supportant l'édifice, des monceaux de décombres, d'énormes blocs fendillés, rejetés de la circulation pour mauvaise constitution et qui n'ont fourni pour tout bénéfice qu'un onéreux surcroît de labeur aux bras qui se sont usés à les détacher. Parfois vous donnez de la tête dans une chevelure de longs fils noirs, déliés, ramifiés, fins et épais comme des cheveux, qui se mouvent continuellement dans le vide comme les bras d'un poulpe gigantesque, et se balancent mollement comme des lianes, au moindre souffle qui agite ces solitudes. On ne peut rien voir de plus singulier que cette végétation anormale au centre de la terre. Ces fils ressembleraient à des arbres par leur forme et leur structure, s'il n'y avait abstraction totale de feuilles et de bourgeons. Ce sont des miniatures si tendres, si faibles, si délicates, qu'elles se brisent au plus petit choc. Si vous avez brusquement violé leur domicile, vous vous trouvez pris comme dans un réseau, et ces fils vous font le même effet qu'une toile d'araignée. Cette singulière forêt aérienne occupe de vastes espaces et sert de magasin, de nourrice, à une autre forêt qui croît à la surface du sol, dont celle-ci est l'antipode ; car ces fils noirs sont tout bonnement les racines des pins qui, après être parvenues, en s'aidant des fissures imperceptibles, à traverser cette masse compacte de terres et de rochers, viennent surgir dans les galeries pour croître et se développer outre mesure, sans effort et sans peine, pour se nourrir, se gorger, s'engraisser des sucs ambiants bonifiés par les émanations constantes des principes azotiques dégagés depuis des milliers d'années par les nombreuses générations qui se sont succédé dans cette pénible tâche. Plus loin vous vous heurtez contre une masse molle, onctueuse, élastique, qui vous renvoie vivement en arrière. Vous croyez avoir mis le pied sur un immonde reptile, et ce n'est qu'une accumulation de déjections mammifériques en fermentation. Dans quelques milliers de siècles, lorsque l'agriculture aura épuisé tous les engrais connus, elle sera toute stupéfaite de trouver à sa portée de nouveaux amas de guano qu'elle importe aujourd'hui à grand frais des contrées lointaines.

Tout vous impressionne dans ces sombres profondeurs que j'ai visitées en compagnie de M. Benoist, le 15 juin 1873. Une tristesse indicible vous accable ; vous regardez avec désolation ces travaux gigantesques que la vie a abandonnés ; vous êtes comme séparés des vivants et pas une idée riante ne vient égayer le tableau que vous contemplez. L'écho même de vos pas vous effraie, il retentit sourdement dans ces cavernes comme les coups de marteau sur les planches du cercueil, comme les battements précipités du cœur après une grande émotion ou une course trop prolongée ; il vous rappelle le bruit cadencé et monotone du mineur couché à plat ventre, battant en brèche, frappant, ébranlant régulièrement le roc sous les coups répétés de sa pioche biscornue.

L'extraction du tuffeau est d'un grand rapport pour le pays. Toutes les demeures et les édifices sont construits avec cette pierre. Deux carrières sont en activité toute l'année. L'une, *la Cave-de-Meaulne*, sous la direction de M. Hérin, chaufournier au bourg, occupe journellement cinq ouvriers qui débitent chaque année une moyenne de 700 mètres cubes ; l'autre, la *Cave-Noire*, se maintient dans les mêmes conditions. L'ouvrier est payé à raison de 4 francs le mètre cube et gagne de 4 à 5 francs par jour.

Ce tuffeau, excellent pour la bâtisse et les ouvrages d'art, se vend rendu sur les lieux au prix de 8 francs le mètre cube.

Industrie du grès. — On extrait encore du grès blanc quartzeux qu'on rencontre par blocs isolés au nord du village, pour les besoins de la bâtisse et du dallage ; on en fait aussi des auges à porcs et des abreuvoirs. Autrefois il était employé à la confection des cercueils, comme le constatent les exhumations faites encore dernièrement à Châlonnes-sous-le-Lude et ceux qu'on voit à Broc.

Industrie de la chaux. — Le calcaire d'eau douce est exploité pour la confection de la chaux depuis des siècles. Les ruines des anciens fourneaux montrent leurs curieux monticules à Champ-de-Pierres, aux Berthes et à la Chaloisière.

Les fourneaux de Champ-de-Pierres existaient bien avant la grande révolution, mais on ignore l'époque de leur fondation.

Celui des Berthes, construit par le marquis de Lussac en 1829, ne marcha que trois ans ; il fut démoli en 1860.

Celui de la Chaloisière, construit par le comte de La Poèze en 1834, ne marche plus depuis 1848, époque où il fut métamorphosé en métairie. Il servait aussi à faire d'excellentes briques avec l'argile prise à quelques cents mètres de distance.

Tous ces fourneaux étaient *à bois*.

En 1847, MM. Gasnier de Broc et Leroy, juge de paix au Lude, construisirent un fourneau à bois, et les deux frères Jean et Antoine Hérin en établirent un *à charbon*.

Les difficultés et les déboires signalent cette innovation ; la jalousie, les défiances sont toujours en croupe des novateurs. Cette opération leur coûta plus de 12,000 francs et fut dix fois sur le point d'être abandonnée. L'énergie d'Antoine surmonta toutes les difficultés et vit prospérer son négoce au moment où il croyait tout perdu.

Aujourd'hui cette industrie emploie dix hommes et six charretiers toute l'année, consomme 4,000 hectolitres de charbon de houille et 25,000 *bourrées*, produit 12.000 hectolitres de chaux et fait la richesse du pays.

En remplaçant le bois par le charbon, le sieur Hérin obtint une économie si considérable, qu'il put diminuer le prix du double et livrer, à raison de 1 franc 50 centimes, l'hectolitre qui se vendait 3 francs auparavant.

Les agriculteurs employèrent cette chaux à bas prix aux amendements de leurs terres, et obtinrent de si heureux résultats que la consommation prit bientôt d'énormes proportions. Le fourneau de M. Gasnier ne put soutenir la concurrence et fut cédé à M. Hérin pour le service d'hiver.

Le fourneau à charbon marche pendant 5 mois de l'année et fournit une moyenne de 80 hectolitres de chaux par jour.

Industrie du fer. — Il y a 80 ans, les forges de Château-la-Vallière, distantes de 5 lieues, s'alimentaient encore de minerai de fer au pays de Broc.

Tout le versant méridional de l'Ormeau-Morisson, depuis les Fergons à la ferme du Gué et jusqu'au fond de la Beunerie, recèle de grands amas de cette substance non épuisée.

A cette époque, les routes n'existaient plus et les transports de toute nature étaient faits à dos de mulets. La commune privée de ses seigneurs et de ses châteaux détruits par les horreurs des guerres intestines, n'était plus que l'ombre du passé et ressemblait à un cadavre sans vie. Les champs restaient en friche, le commerce était nul, et les voies de communication complètement anéanties. La grande et unique artère de Noyant au Lude, passant par Bareil et Ternant, était impraticable aux environs du bourg, où les habitants, dans la saison des pluies, plaçaient des grosses pierres de distance en distance pour la traverser. Les mulets des débitants de Noyant et autres lieux allaient s'approvisionner au grenier à sel du Lude, et ceux chargés du transport du minerai de fer, à Château, sont les seuls et rares passagers qui hantent alors ces parages abandonnés.

Les fouilles pour cette industrie cessèrent par la découverte en Touraine de nouveaux gisements plus rapprochés des forges et par conséquent moins coûteux pour le transport.

Forêts. — Les forêts, d'une contenance de 420 hectares, sont exploitées en coupes régulières et fournissent abondamment du charbon, du bois de charpente, du bois de chauffage et une grande quantité de bourrées.

La quantité de bois converti en charbon est d'environ 250 cordes par année. La corde équivaut à

3 stères et le stère donne une moyenne de quatre hectolitres de charbon.

Le charbonnier est payé à raison de 3 francs la corde, et le bûcheron reçoit 2 francs 75 centimes et un sou pour chaque *bourrée*.

Le prix du bois de chauffage est de 22 à 25 francs la corde, et celui du bois de charpente de 60 à 80 francs le mètre cube.

Le prix d'un cent de bourrées varie de 12 à 40 francs, selon la qualité.

Les habitants retirent aussi un grand produit des arbres (*truisse*) et des haies vives qui palissadent les talus élevés autour des propriétés et qui donnent à ce pays un aspect bocager.

Cerclières. — Les châtaigneraies, d'une étendue de 40 hectares, fournissent annuellement 100.000 cercles.

Les ouvriers employés à cette industrie sont payés à raison de 7 francs 50 centimes pour chaque fourniture (500 *cercles*) et gagnent une moyenne de 2 francs par jour.

Landes. — Les landes, d'une étendue de 150 hectares, fournissent beaucoup de litière ; depuis quelques années, elles ont subi une notable amélioration, sous les efforts persévérants de M. le comte de La Poëze, qui est parvenu à faire prospérer des semis, qui sont aujourd'hui de toute beauté et donnent de grandes espérances pour l'avenir.

Noyers. — Les noyers, arbres abondants dans les champs, offrent de bons produits et fournissent d'excellent bois pour la menuiserie et la confection des sabots, et de très-bonne huile. Les résidus de la fabrication de cette huile sont utilisés dans l'engraissement du bétail.

Trois sabotiers exercent leur industrie dans le bourg et livrent chaque année dans le commerce environ 7,000 paires de sabots en noyer.

Le noyer se paie 80 francs le mètre cube et la paire de sabots est vendue 1 franc 50 centimes.

La récolte des noix est d'environ 800 boisseaux quand la gelée n'y met point d'opposition. Le boisseau rend ordinairement deux litres d'huile. L'huile se vend 2 francs 50 centimes le litre.

La quantité d'huile fabriquée est d'environ 15 hectolitres, le surplus des noix est vendu au marché pour le prix de 4, 5 et 6 francs le boisseau.

Châtaigniers.—Les châtaigniers sont au nombre de trois à quatre cents pieds : on distingue deux espèces de fruits : la châtaigne *pointue* et la châtaigne *nousillade*, qui est la meilleure et la plus délicate. Elle vient tard et se conserve assez bien jusqu'à l'année suivante dans du sable bien sec.

La récolte peut être évaluée à 150 boisseaux. Le boisseau est égal à un double décalitre et se paie de 2 à 4 francs, d'après l'abondance de la récolte.

Vignes. — Les vignes, qui occupent une surface d'environ 50 hectares, donnent une récolte moyenne d'environ 1,000 hectolitres, dont 476 de rouge et 524 de blanc. La qualité est bonne et le prix moyen est fixé à 20 francs l'hectolitre. Les vins *des Roberdries* sont très-estimés. Ils rappellent par leur goût et l'acide carbonique qu'ils renferment en grande quantité, les meilleurs crus de la Champagne. Le prix de l'hectolitre de ce dernier vin est de 30 francs, quand il est à bas prix.

Toute la récolte est consommée sur les lieux.

Depuis quelques années un grand nombre de terrains ont été convertis en vignes.

Les cépages les plus communs sont le *pineau blanc* et le *breton.*

Les vendanges commencent vers la mi-octobre.

La gelée fait souvent de grands ravages dans la contrée.

Chaque année, pour ainsi dire, voit une partie des vignobles brûlée dans les froides nuits d'avril et de mai.

Les effets désastreux de ces gelées périodiques pourraient être sensiblement atténués par le seul fait de la taille, qu'on pourrait exécuter de la manière suivante :

Tailler, comme d'habitude, au mois de février, mais à la hauteur de 4 à 5 yeux, et, après les gelées d'avril, rabattre à la hauteur ordinaire par une nouvelle taille. Cette seconde opération enlève, sans grands inconvénients pour le sujet, les bourgeons supérieurs, qui, seuls, ont souffert du froid parce que la végétation les a gonflés et ouverts en partie. Les bourgeons inférieurs qui n'ont point subi les atteintes de la gelée, se développeront un peu tardivement, c'est vrai, mais ils donneront une récolte certaine et abondante.

La cause proprement dite de ces gelées provient de l'humidité inhérente, à cette époque de l'année, aux fonds argileux vinicoles. Les terrains secs et calcaires souffrent très-peu des froids les plus rigoureux.

La vigne a toujours été cultivée à Broc, et occupait autrefois une étendue considérable, comme le prouvent les racines vermoulues qui se retrouvent même au milieu des forêts.

Les gelées de 1824 et de 1853 ont porté un coup mortel aux vignobles et désespéré les propriétaires.

La population se remet peu à peu de cette secousse et reprend courage. Encore quelques années de patience, et Broc aura repris son état normal.

Les bons fonds de vignes en plein rapport se vendent à raison de 6,000 francs l'hectare. Le prix d'une boisselée (6 ares 59) varie de 200 à 400 francs.

Le salaire d'un journalier à payer pour la culture d'un hectare est de 80 francs. Les façons complètes d'un hectare de vignes sont évaluées à la somme de 100 francs.

Pommiers. — Les pommiers sont assez nombreux, mais très-peu soignés ; ils sont couverts de gui, de lichens, de mousses et de chenilles qui les dévorent, et jamais taillés ; ils rapportent, année moyenne, une quantité de cidre évaluée à 150 hectolitres.

Chanvre. — L'étendue consacrée à la culture du chanvre est d'environ 3 hectares, produisant 700 kilogrammes de filasse.

La machine à broyer et à teiller le chanvre de M. Benoist, en façonne 100 poignées d'un kilo à l'heure.

Prés naturels. — Les prés naturels, qui occupent une surface de 92 hectares, produisent annuellement 2,300 quintaux d'un foin souvent mélangé de joncs, de carex, et autres plantes âcres et coriaces qui lui enlèvent beaucoup de ses qualités.

Le millier de foin (500 kilos) se vend 22 francs.

Prés artificiels. — Les prairies artificielles fournissent d'abondants produits. Les principales plantes fourragères cultivées, sont la luzerne, le sainfoin, le trèfle, la vesce, la minette, la jarosse, le sarrasin, le maïs, etc.

L'étendue des prairies artificielles est d'environ 140 hectares, dont 20 en luzerne, 30 en sainfoin, 50 en trèfle et 30 en mélanges divers.

La récolte peut être évaluée à 4,200 quintaux.

Les 2,000 de foin (1,050 kilogrammes) se vendent 50 francs.

Le salaire du faucheur est de 2 francs, non compris la nourriture ; il coupe environ 25 ares par jour.

La faucheuse de M. Benoist, attelé d'un seul cheval, coupe une surface de deux hectares par jour.

Choux. — La culture des choux verts ou de Poitou, introduite dans la commune en 1830 par le père Moussé, a pris un développement qui tend à s'augmenter chaque année. C'est un fourrage excellent et très-productif ; il donne de la verdure tout l'hiver et peut rendre de grands services dans la ferme pour l'alimentation des bestiaux.

Une chose bonne à remarquer sur cette plante, c'est que l'effeuillage de septembre arrête sa végétation, le fait durcir ou mûrir, et l'expose alors à être considérablement détérioré par un hiver rigoureux.

On estime à 168 hectares la surface repiquée en choux chaque année.

Maïs. — Le maïs fourrage se sème à la volée à la fin d'avril, lorsque la terre commence à s'échauffer, et un peu épais, afin que la tige ne devienne pas trop forte et qu'il puisse étouffer les mauvaises herbes.

Cette plante verte constitue un fourrage excellent et très-nourrissant ; les animaux le mangent avec une grande avidité et s'en trouvent parfaitement bien. On estime à 30 hectares la surface cultivée en maïs.

Betteraves et Navets. — L'étendue consacrée à la culture de la betterave et des navets est de 30 hectares, et le produit de chaque hectare est évalué à 7,500 quintaux. Le prix moyen du quintal est de 1 franc 50 centimes.

Pommes de terre. — 84 hectares de pommes de terre sont ensemencés chaque année. Le rapport est d'environ 100 hectolitres à l'hectare, qui font, à 66 kilos le poids de l'hectolitre, une production de 554,400 kilos.

Citrouilles. — La surface ensemencée en citrouilles chaque année est très-variable; on peut cependant l'évaluer sans exagération à 5 ou 6 hectares.

Ces citrouilles appelées *tombanes*, servent à la nourriture des bestiaux, et, mélangées avec du lait, à faire un excellent potage (*la tombane*). La graine sert à faire de l'huile. Pendant l'hiver, assis en rond devant la cheminée, toute la famille, en devisant avec les voisins, monde les grains avec plaisir: c'est le *popinage*.

Ajoncs. — Une dernière ressource, c'est le produit des ajoncs (ulex europæus, L.) et la cueillette des feuilles des arbres, qui se fait sur une longue échelle.

A la dernière saison, en septembre et octobre, il y a peu de buissons qui n'ait son échelle et sa bonne femme occupée à effeuiller sa *pochée*.

Céréales. — Les terres argilo-sablonneuses, argilo-calcaires, ensemencées de céréales et de légumes, sont évaluées à 1,104 hectares et proportionnées ainsi qu'il suit : Froment, 375 hectares. — Méteil, 75 hectares. – Seigle, 47 hectares. – Orge, 31 hectares. — Avoine, 114 hectares. — Légumes secs, 7 hectares.

Le rendement moyen de l'hectare pour chacune de ces semences, est évalué ainsi : Froment, 15 hectolitres. — Méteil, 18 hectolitres. — Seigle, 18 hectolitres. — Orge, 30 hectolitres. — Avoine, 30 hectolitres. — Légumes secs, 33 hectolitres.

Le poids moyen de l'hectolitre est de 75 kilos pour le blé, le seigle et le méteil ; de 65 kilos pour l'orge ; de 48 kilos pour l'avoine et de 70 kilos pour les légumes secs.

Le rendement de la récolte de 1873 peut s'évaluer ainsi : Blé, 5,625 hectolitres. — Méteil, 1,350 hectolitres. — Seigle, 846 hectolitres. — Orge, 930 hectolitres. — Avoine, 3,420 hectolitres. — Légumes secs, 231 hectolitres. — Total : 12,402 hectolitres.

Le prix moyen de l'hectolitre est, pour le froment, de 27 francs 50 centimes ; pour le méteil, de 22 francs 50 centimes ; pour le seigle, de 20 francs 50 centimes ; pour l'orge, de 15 francs ; pour l'avoine, de 10 francs ; pour les légumes secs, de 35 francs.

En 1836, le prix du froment était de 15 francs ; le méteil, de 13 francs ; le seigle, de 10 francs ; l'avoine, de 6 francs ; les pommes de terres, de 7 francs ; le sarrasin, de 7 francs ; les légumes secs, de 20 francs ; le vin, de 15 francs ; le foin naturel, de 3 francs le quintal, et le stère de bois, de 3 francs 50 centimes.

Le rendement de la paille est évalué, pour la récolte de 1873, ainsi qu'il suit : Froment, à 9,492 quintaux. — Méteil, 2,326 quintaux. — Seigle, 1,457 quintaux. — Orge, 750 quintaux. — Avoine, 3,283 quintaux. — Légumes secs, 323 quintaux. — Total de toutes les pailles, 17,831 quintaux.

Le prix de la paille est de 35 francs les 1,000 kilos.

La commune produit une moyenne de 11,700 hectolitres de céréales, disponibles après le prélèvement de la semence.

La consommation des habitants peut s'élever à 2,800 hectolitres; celle des animaux, à 900 hectolitres : il reste donc une moyenne de 8,000 hectolitres pour alimenter les marchés.

Labourage. — On laboure avec le cheval et les bœufs, en planches et en billons, très-peu à plat, avec la charrue à avant-train du pays. Le nombre des charrues est évalué à 184, dont 64 perfectionnées.

Une bonne charrue retourne en billons un arpent (66 ares) par jour et reçoit un salaire de 12 francs 50 centimes ; le prix du labourage est fixé à 1 franc 25 centimes par boisselée (6 ares 59).

Le simple journalier reçoit 1 franc 25 centimes en hiver, et 2 francs 50 centimes par jour, en été, et la nourriture.

La plupart des travaux agricoles se font à la

tâche ou d'après certaines conventions. Ainsi les moissonneurs qui se servent le plus communément de la faucille à dents, scient les céréales, les assemblent en gerbes, rentrent la récolte et aident à la battre, reçoivent pour paiement le septième du produit.

L'introduction des machines agricoles par M. Benoist, agriculteur distingué, à Meaulne, a produit des améliorations sensibles dans la rentrée des récoltes et une notable économie dans les frais de main-d'œuvre. Ces machines font beaucoup de besogne. Les résultats obtenus sont immenses, expéditifs, et très-appréciés des cultivateurs. Encore quelques années d'essais, et leur application deviendra générale. Honneur donc aux hommes de science et d'initiative qui ne craignent point de sacrifier leurs intérêts pour le bien général de l'humanité.

Comice agricole. — Depuis quelques années, le comice agricole a aussi beaucoup aidé, par ses encouragements, l'œuvre de la régénération. Lorsque M. le comte de La Poèze est venu fixer sa résidence dans la commune, l'agriculture était plongée dans la plus profonde détresse. Les fermes dépourvues de bestiaux et d'engrais, rapportaient à peine la moitié des revenus d'à présent. M. de La Poèze releva le moral de ses fermiers et les encouragea dans leur culture ; il établit un petit comice à son château de Meaulne, et chaque année il donnait des récompenses aux plus méritants. Le succès répondit si bien à son attente, que des hommes compétents voulurent étendre les bienfaits de cette utile institution à tout le canton, et décidèrent que les assemblées du comice de Broc seraient transférées à Noyant.

Depuis la nouvelle inauguration, M. de La Poèze, qui a toujours présidé les assises du concours, eut la joie de voir son œuvre prospérer et de décerner beaucoup de récompenses à ses chers compatriotes.

Les principaux lauréats de Broc, sont : Fouquet, de Lizardière, et Bechet, de la Roche-Saint-Lambert.

Les récompenses et les encouragements à l'agriculture ne sont point les seuls mérites de M. de La Poèze. Sous ses auspices, les chemins effondrés, les ornières dangereuses deviennent de bonnes et solides routes. 50,000 francs sont dépensés dans ces utiles travaux, et le graphomètre des agents-voyers n'a pas encore dit son dernier mot.

Toutes les communes environnantes sont reliées à Broc par cinq grandes voies qui aboutissent au bourg et y apportent l'activité et la vie. Partout le territoire est sillonné de routes, et jamais commune ne fut mieux partagée sous ce rapport.

Exploitation agricole. — La population agricole ne forme point de classe distincte. Tous sont plus ou moins attachés, soit comme propriétaires, vignerons ou fermiers, à l'exploitation rurale, soit comme journaliers, aux travaux des champs.

Le mode d'exploitation le plus usité est un fermage en argent.

Cependant les métayers de MM. de La Poëze et Douaire, prennent tous les frais d'exploitation à leur charge et partagent par moitié tous les produits de la ferme avec le propriétaire qui a fourni le cheptel.

La valeur locative actuelle des fermes est de 15 à 20 francs l'hectare.

Les conditions générales des baux sont : 1° de convertir les pailles en fumier ; 2° de transporter les matériaux destinés aux réparations ; 3° de cultiver les terres en bon père de famille.

La durée des baux est de 3, 6 et 9 ans et tend à se raccourcir plutôt qu'à s'allonger.

Le personnel d'une ferme se compose, outre les maîtres, de deux garçons de labour et d'une fille de basse-cour s'occupant des vaches et des porcs.

Les valets de fermes sont à l'année ; leur gage est de 3 à 400 francs chacun, la servante reçoit 200 francs et plus. Cela tient à ce qu'elle va chercher la nourriture du bétail.

L'assolement triennal est encore la coutume la plus répandue ; elle se perd cependant peu à peu pour intercaler les fourrages artificiels, à mesure que le cultivateur prend confiance dans le produit du bétail.

Le nombre des bestiaux est à raison de une tête pour 3 hectares, défalcation faite des chevaux, des moutons et des chèvres.

Pour l'espèce bovine, on préfère les races *Mancelle* et *Poitevine*. Elle sont très-rustiques et donnent une quantité de lait qu'on peut évaluer à 6 litres par jour, ou 1,800 litres par an.

Le prix d'une vache, en 1850, était de 60 francs, aujourd'hui il est à 250 francs.

Les veaux de six semaines à deux mois, valent de 80 à 90 francs pour la boucherie.

Une chose regrettable, c'est le trop grand nombre d'élèves, proportionnellement à la quantité de bétail, que la ferme peut alimenter pour le travail et l'engraissement, que le fermier nourrit pendant trois ou quatre ans sans en tirer aucun profit.

Il est vrai que le produit de la vente le rémunère un peu de ses soins, mais ce n'est point assez ; de bonnes vaches laitières feraient bien mieux son affaire que ce jeune bétail.

La vache est l'animal le plus utile à l'homme, et son lait est d'un immense rapport à la ferme. Outre le fromage, la crême et le beurre si chers de nos jours, on en tire encore une excellente nourriture pour le jeune bétail et les cochons.

La quantité de beurre vendue chaque année est évaluée à 1,120 kilos.

On fait aussi de 12 à 1,300 fromages de lait de chèvre d'une exquise délicatesse.

L'engraissement des bœufs, après les céréales, l'élevage des chevaux et des bestiaux, est la principale source où le cultivateur puise ses meilleurs bénéfices.

Pour cette spéculation, les fermiers achètent à l'automne des bœufs et des moutons, les mettent à l'engrais et les revendent cinq à six mois après.

En 1872, M. Benoist avait à l'engrais des bœufs de race mancelle, qui augmentaient en viande du poids d'un kilogramme chacun par jour.

On élève aussi beaucoup de porcs dans la commune. Ils tiennent de la belle race craonnaise et font l'objet d'un grand commerce.

Dans notre pays de petite culture, les premiers soins du cultivateur doivent être pour son bétail, son fumier et ses fourrages.

Tout sort d'eux et tout y rentre.

Ces trois éléments, qui se relient naturellement par leurs effets et leurs causes, sont unis par un lien indissoluble. L'un ne peut exister sans l'autre, car tous les trois président à l'art agricole.

Sans avoir besoin d'appuyer sur cette thèse, il est évident que le laboureur, dépourvu de l'une ou l'autre de ces substances, recueillera en amères déceptions les futures espérances d'un pénible labeur.

Les prés, les champs, les bestiaux, sont les supports de l'humanité et des ouvriers actifs et laborieux.

Mais si ces ouvriers travaillent pour nous faire vivre, il est nécessaire de leur donner aussi les moyens d'existence.

Il faut que le cultivateur se procure du fourrage pour avoir beaucoup de bétail, et que de ses animaux, il fasse la base, le pivot, la clef de voûte de tous ses efforts en culture.

Le sol de Broc se prête on ne peut mieux à la culture des prairies artificielles.

Dans ce pays, on fume très-peu, une seule fois dans l'assolement de trois ans et à raison de 8 à 9 mètres cubes par hectare ; ce n'est pas assez.

Apiculture. — La science de l'apiculture est encore à l'état rudimentaire à Broc. 154 ruches construites en forme de cône, avec des branches de saule entrelacées et recouvertes de boues, sont en pleine activité. On en prend très-peu de soin. La ruche est posée sur une pierre en rase campagne, sous la sauvegarde de la Providence. Le seul procédé connu pour en tirer du profit, c'est de vendre et de faire mourir les abeilles.

Le prix d'une ruche du poids de 20 à 30 kilogrammes est de 15 à 20 francs.

Cette manière d'agir cause une perte considérable au propriétaire.

Les abeilles doivent être abritées de la pluie et des vents, placées à une exposition méridionale pour avoir le soleil du midi, et logées dans des boîtes de 40 centimètres cubes, construites de façon à pouvoir y adapter une hausse dans les années favorables.

Au mois de février, vous ne laissez dans la ruche que le poids d'environ 10 kilos de miel, pour les besoins de la consommation et du premier couvain.

Une bonne ruche rapporte, année moyenne, 10 kilos de miel et un de cire : bénéfice net, 20 francs, déduction faite du peu de frais qui ont pu survenir.

J'engage, sans entrer dans de plus longs détails, les apiculteurs et surtout les instituteurs dont les émoluments ne sont pas toujours en rapport avec les besoins de la vie, à méditer sur cette importante et très-économique question. Les abeilles peuvent devenir, sans exposer un grand capital, une source féconde et intarissable d'importants bénéfices.

TABLE DES MATIÈRES

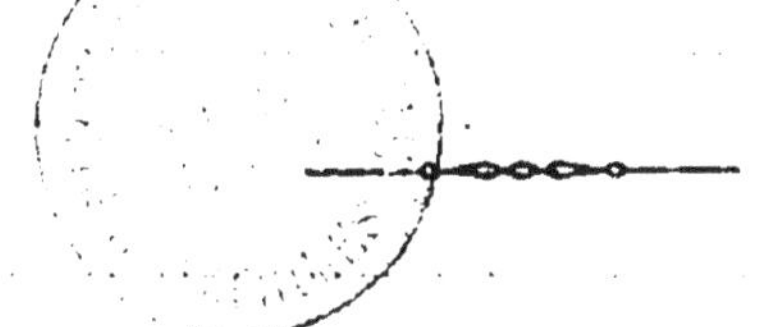

PREMIÈRE PARTIE.

SECONDE PARTIE.

Angers, imp. E. Barassé. — 1014-74.

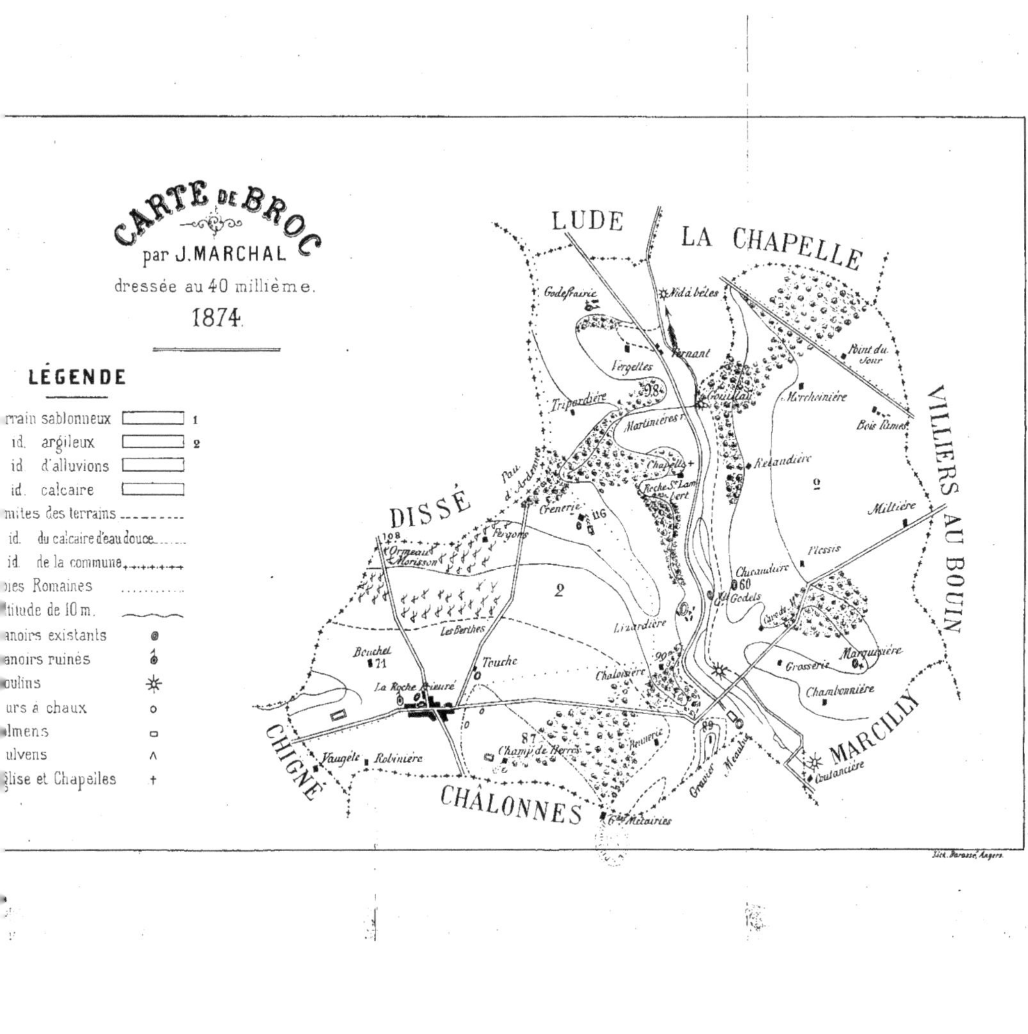

CARTE DE BROC
par J. MARCHAL
dressée au 40 millième.
1874.
LÉGENDE
rrain sablonneux 1
id. argileux 2
id d'alluvions
id. calcaire
mites des terrains
id. du calcaire d'eau douce
id. de la commune
ies Romaines
titude de 10 m.
anoirs existants
anoirs ruinés
oulins
urs à chaux
lmens
ulvens
lise et Chapelles
LUDE
LA CHAPELLE
VILLIERS AU BOUIN
MARCILLY
CHÂLONNES
CHIGNÉ
DISSÉ
Godefrairie
Nid à bêtes
Vergelles
Point du Jour
Tripardière
Martinières
Bois Ramés
Relandière
Chapelle
Roche St Lambert
Crenerie
116
Miltière
108
Ormeau
Morisson
Plessis
Godets
60
Les Berthes
Lizardière
Marquisière
Bouchet
71
Touche
90
Grasserie
La Roche Prieuré
Chaloisière
Chambonnière
87
Champ de Pierres
89
Vaugelé
Robinière
Gravier
Coulancière
Gdes Métairies

www.ingramcontent.com/pod-product-compliance
Ingram Content Group UK Ltd.
Pitfield, Milton Keynes, MK11 3LW, UK
UKHW020321230726
13925UKWH00002B/549

9 782019 217600